PROFESSIONAL SERVICES

プロフェッショナル・サービスにおける組織アイデンティフィケーション構造

リーガル・サービスでのバリュー・プロフィット・チェーンの検証

小谷恵子［著］ KEIKO KOTANI

IDENTIFICATION

千倉書房

プロフェッショナル・サービスにおける 組織アイデンティフィケーション構造

—リーガル・サービスでのバリュー・プロフィット・チェーンの検証—

目次

目　次

第1章
序 論

1. はじめに

世界最古の大学の一つとされるボローニャ大学[1]は、法学部を中心にして11世紀の後半からプロフェッショナルを育成してきた。同じくイタリアのサレルノ大学[2]の起源は、8世紀からの医学校で、12世紀には大学として認定されている。法律も医療もギリシャ・ローマの時代から存在し、その職業に従事する者がいるが、近現代においてこうしたプロフェッショナルは、規制市場で一切の競争を逃れる特権的地位を確立してきた（Kotler et al., 2002, p. 2）。資格制度にすることで従事者の数を限定し、排他的にその業務を占有できる権利を得、他の労働者とは区別されたアイデンティティを確立することで競争や宣伝を不要としてきたのである。

しかしここ数十年、プロフェッショナル・サービスでは広告規制や報酬規程の緩和・撤廃など規制緩和が進み、ビジネス環境は激変している。プロフェッショナルは、この劇的な環境変化による市場競争に対応するために、自らの職業をサービス業として再認識せざるを得なくなってきている。さらに、弁護士や医者といったプロフェッショナルは活躍の場が拡大し、以前と比べて、新聞やテレビ等のメディアで目にする機会が格段に増えた。テレビドラマの監修をしたり、番組で予防医療や予防法務という形で人々への啓蒙を行ったりする場面も増加している。特に弁護士は、行政や立法に関与したり、社外取締役や第三者委員会のメンバーになるなど、社会的に重要な役割を担ったりするようになった。

1960年代、既に西欧社会では、ノン・プロフェッショナルがプロフェッショナル化・組織化してきていることが指摘されて（Hall, 1968）いるが、日本でもプロフェッショナルが身近になってきたと同時に、昨今の急激な環境変化に伴う成員資格の多様化やプロフェッショナル化（高尾, 2012）が起きている。TVのドキュメンタリー番組ではさまざまな職業のプロフェッショナルを取り上げ、視聴者がその信念や仕事への情熱を知覚することで、それまではベールに包まれていたプロフェッショナルに共感を生み出している。プロフェッショナルが持つアイデンティティに、人々は肯定的な影響を受けているといえるだろう。従業員のプロフェッショナル意識を重視する風潮が高まり、社会でプロフェッショナルへの関心が集まっている中、プロフェッショナル・サービスを提供する組織とサービスを購入する顧客との関係についての研究は、組織論とマーケティング論両面で大きな課題の一つである。

これまで従業員や顧客のコミットメントや満足によって、組織にポジティブな影響があることが研究されてきた。他方、1990年頃から加速した組織アイデンティフィケーションの研究の中で、従業員が会社にアイデンティファイする（以下、「同一化する」という）と職務態度や顧客志向に影響を及ぼす上、その従業員の会社へのアイデンティフィケーションは顧客にも影響し、その結果、顧客が会社に同一化するとロイヤルティに影響があることが明らかになっている（Bhattacharya and Sen, 2003；Homburg et al., 2009；Marin and de Maya, 2013等）。

この組織アイデンティフィケーションは、社会的アイデンティティ理論と自己カテゴリー化理論をもとに、MaelとAshforth（Ashforth and Mael, 1989；Mael and Ashforth, 1992）が再定義をし、尺度を開発したことで組織行動の分野で再認識され研究されてきた概念であり、組織との知覚された一体性（perceived oneness）や帰属（belongingness）を意味するとされる。人は会社、ブランド、職業などさまざまな対象に一体感を持ち、同一化することが指摘されている。組織論においては、従業員が持つアイデンティフィケーションの研究が進められてきたが、その後マーケティング論では、顧客が持つアイデンティフィケーションについての研究も始まっている。プロフェッショナルは職業アイデンティフィケーションが高くなることが指摘されており、医療、会計、プロスポーツなどの組織での研究が進められているが、プロフェッショナル・サービスにおける顧客のアイデンティフィケーションの構造に関する研究はまだ少ない。

プロフェッショナル・サービスは、サービスの持つ特性を備える（Kotler et al., 2002, p. 9）。つまり、「無形性」、「不可分性」、「変動性」、「消滅性」、「満足の基準の違い」、「サービス提供プロセスへの顧客の参加」である。「無形性」とは、購入していないサービスは、見ることも、味わうことも、触れることも、聞くことも、嗅ぐこともできないことを指す。「不可分性」とは、サービスとサービス提供者とは切り離せないものであるということを指す。「変動性」とは、顧客へのサービスの質が一定ではなく差がでることがある、ということである。「消滅性」とは、サービスはいったんとっておいて後で販売したり使用したりすることができないという意味である。「満足と基準の違い」とは、生産されたサービスがその場で消費されるため、他の選択をした場合にどうなっていたのかの判断ができず、満足とその基準が一定にならないことである。「サービス提供プロセスへの顧客の参加」とは、顧客はサービスの提供プロセスのすべてを目の当たりにし、その一つ一つからサービスに対する印象を持つことで、そのプロセスに参加している。Kotler et al.（2002）は、プロフェッショナル・サービスにおいても、このような特性を考慮して、マーケティング・マネジメントやマーケティング・コミュニケーションを考えるべきであると指摘している。

日本弁護士連合会（以下、「日弁連」という）の2011年の第17回弁護士業務改革シンポジウム[3]（第1分科会「小規模法律事務所におけるマーケティング戦略」～さらなる依頼者志向に向けて～）では法律事務所のマーケティング戦略がテーマになっており、Kotler et al.（2002）のいうサービスの特性を参照して、通常のサービスと同様に7PやSTPなどを実践する方法について語られている。しかし、日本は米国に比べ20年遅れて広告規制が撤廃されたこともあり、日本の弁護士のマーケティングに対する理解は進んでおらず、上記シンポジウム報告書内にも「マーケティングは弁護士業とは無縁なものだという意見をよく耳にする」との記載がある。リーガル・サービスにいた筆者の経験からも、弁護士には、リーガル・サービスは一般のサービスとは異なるという考えが主流であり、一般のマーケティング手法を参考にしようという弁護士はごく少数派であった。顧客を獲得し維持するためには、自分が誠実に仕事をこなしさえすればよく、事務所としてのマーケティングやブランディングには興味がない、あるいはすべきではないという弁護士が多かったのである。

そこで生まれた疑問が、「プロフェッショナル・サービスのマーケティングは一般的なサービス業と違うのだろうか？違うとすればどのように違うのだろうか？」というものであった。これが本研究に取り組もうと考えた当初の問題意識である。

2. プロフェッショナルの基本認識

プロフェッショナルは、研究者から高い関心を集めているにも関わらず、その定義は確立されていない。例えば、Gummesson（1978）は、資格ある者の助言であること、専門性に伴うアイデンティティを持ち、その職業に特定の名称がついていること、依頼に基づくこと、他のサービスやモノの提供者から独立していなければならないことを条件とし、Conchar（1998）は、専門的な知識、職業別のアイデンティティ、依頼による契約、独立性、信頼に基づく委任関係を、プロフェッショナルの特質として挙げている。また、Kotler et al.（2002, p. 19）は、資格ある者の助言であること、ある共通の特質を備え、慣習と倫理綱領によって統制されること、顧客一人ひとりのニーズに合わせ、その顧客のためだけにつくられること、品質の維持を可能にする顧客との直接交流があること、を挙げている。この顧客との関係性はプロフェッショナルの特徴の一つであり、Walsh and Gordon（2010）は、プロフェッショナル・サービスは、顧客の問題を解決するために、プロフェッショナルと顧客が顧客の要望の歴史を共に作り、進行していく関係を通して顧客に提供されるものであるとする。このようにプロフェッショナル・サービスは、専門性や独立性などの特徴を持ちつつ、サービスの中でも、顧客との接触が一定期間、繰り返し行われるサービスである。

プロフェッショナルは、時折、組織化することで競争力を高め、顧客の要望に応える。世界最大規模の法律事務所は弁護士数6,000人を超えていて、トップ10までの事務所はすべて2,000人以上の規模である（弁護士白書2017年版[4]）。プロフェッショナルのアイデンティティは、所属する組織を越えた職業グループから強力で重大な影響を受けており、難解で専門性のある知識を持つことで特別感が生まれ、好ましい自己概念が形成される（Walsh and Gordon, 2010）とされるが、一人でも職務ができるプロフェッショナルが、あえて組織化する場合、プロフェッショナルの職業アイデンティティと組織アイデンティティにコンフリクトが起こるという指摘もある（Hall, 1968；Lui et al., 2001）。組織には官僚的（bureaucratic）な側面、つまり、意思決定における階層、機能的に細分化された分業制、組織を管理するためのルールや手順などがある。プロフェッショナルにはその判断基準となる弁護士会のようなプロフェッショナル組織があり、社会に奉仕する信念、職業による自主規制、報酬に関係のない献身性、意思決定に関する会社からの独立性といった特質があるため、これらの多くが、会社の持つ官僚的側面と相反する（Hall, 1968）というのである。

しかし、Loi et al.（2004）によれば、組織の主要なメンバーがプロフェッショナルであり、その組織の目的がメンバーであるプロフェッショナルたちの目的と一致している場合には、そのコンフリクトは緩和される。そのような組織では、プロフェッショナルの職務における自律を維持する、適正な昇進システムを導入する、意思決定へ高度に参与させるなどして、職務満足や組織コミットメントを上げている。ここがプロフェッショナルで構成される組織と官僚的組織の違いであり、職業アイデンティティへの配慮を組織のアイデンティティとすることで、コンフリクトを緩和している。

一方、プロフェッショナル・サービスの顧客は、組織よりもプロフェッショナルに忠誠心を持っており、プロフェッショナルが組織を離れ、移籍・独立するときには、顧客はプロフェッショナルと共に離反する（Coff, 1997；Hillman, 1998；Walsh and Gordon, 2010；Strandberg et al., 2015）ことが指摘されている。プロフェッショナルは、単に高度な専門性による問題解決を行うだけではなく、継続的な関係により顧客と親密な関係性を築く（Walsh and Gordon, 2010）ために、プロフェッショナルへの忠誠心が高まると考えられている。

プロフェッショナル・サービスでなくても、例えば百貨店やBtoBの生産財において、顧客と従業員に接点があることで、顧客は従業員へのロイヤルティを持つ（Wong and Sohal, 2003；Palmatier et al., 2007）。社交性のあるサービス提供者に顧客はロイヤルティを感じ、サービス提供者へのロイヤルティは、会社へのロイヤルティに影響する（Reynolds and Arnold, 2000；Koermer and McCroskey, 2006）。しかし、プロフェッショナルは業務を提供する上で、ともすると感情を切り離したり、尊大な態度をとったりする（Walsh and Gordon, 2010）にも関わらず、なぜプロフェッショナルの文脈においてのみ、顧客は、プロフェッショナルの所属する組織よりもプロフェッショナル自身に高いロイヤルティを持つと言えるのか、その構造は検証されていない。

どのサービスがプロフェッショナルと見なされるかについては、合意はされていない（Nikolova, 2007, p. 12）ものの、プロフェッショナル・サービスとして文献の中で例として挙げられる職業は、法律、会計、マネジメントコンサルティング、エンジニアリング・コンサルティング／デザイン、広告、建築、投資銀行などが多い（von Nordenflycht, 2010）。その中でも Klatt（1967）は弁護士、医者、聖職者を、von Nordenflycht（2010）は弁護士、会計士、建築家を伝統的なプロフェッショナルとして分類した。また、プロフェッショナルは、BtoB の要素を持つプロフェッショナル・ビジネス・サービス（Nikolova, 2002）と、人に対するサービスであるプロフェッショナル・ヒューマン・サービス（島津, 2005）という分類も可能である。弁護士は、会社がクライアントとなるBtoB の業務だけでなく、離婚や犯罪被害など個人の精神的なサポートとなる業務もあるため、この両方の要素を併せ持つといえる。これらの分類から、弁護士は、プロフェッショナルのさまざまな定義に合致する職業であるということができる（**図 1.1**）。

実社会においてプロフェッショナルという用語は、弁護士や医者等の専門家に限らず、特定の分野で豊富な知識量や高い技術を持った人も含め、広義に使われている。彼らは通常、業務を遂行する上で必要とされる高度な知識や技術を得るために相当の時間を費やし、経験や訓練を積むという意味では共通点がある。Bowie（1985）は、プロフェッショナルとは特定の職業ではなく、ある一連の態度に関連づけるものであり、プロフェッショナルかどうかはその人が何者かではなくどう考えるかによるとした。その態度とは、①仕事を単なる金儲けの手段とは見なさない、②道徳的な責務を重視する、③ノンプロフェッショ

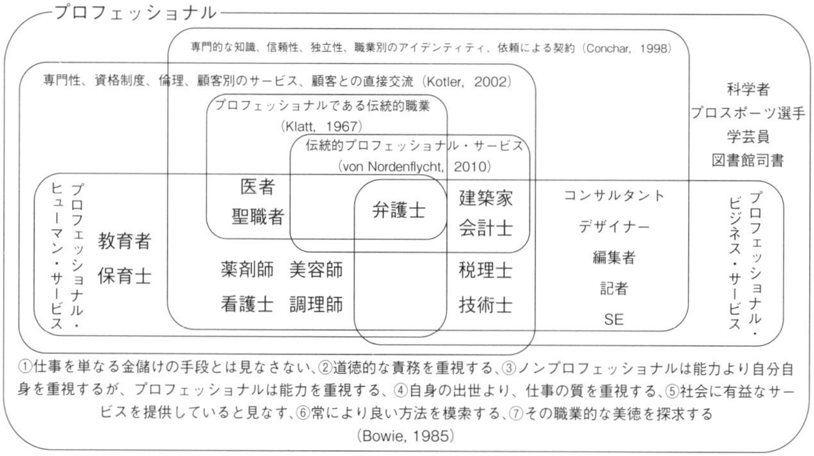

図 1.1 プロフェッショナルの定義

出所：筆者作成。

ナルは能力より自分自身を重視するが、プロフェッショナルは能力を重視する、④自身の出世より、仕事の質を重視する、⑤社会に有益なサービスを提供していると見なす、⑥常により良い方法を模索する、⑦その職業的な美徳を探求する、というものである。近年ビジネス一般で使われているプロフェッショナルという言葉をより的確に代弁する意味を持つのが、この Bowie の定義であると考える。

本書では、この Bowie の立場を支持しつつも、プロフェッショナルかどうかの議論を避ける意味で、より伝統的なプロフェッショナルの中から弁護士、つまりリーガル・サービスでの調査を選択した。

3. 組織アイデンティフィケーションの基本認識

(1) 古典的アイデンティフィケーション

アイデンティフィケーションは、個人が、他人やグループと、満足のいく自己定義関係（self-defining relationship）を確立したい、維持したいと考えることから、その影響を受け入れるときに起こるとされる（Kelman, 1958）。アイデンティフィケーションによる影響を受け入れることにより、他者との望ましい関係とそこから固定される自己定義を確立し、維持するのである（Kelman, 1961）。

Kelmanによれば、個人がアイデンティフィケーションを通して確立・維持したいという関係にはいくつかの形態がある。古典的アイデンティフィケーションでは、影響を与えてくる相手の全部または一部を引き継ごうとする。個人は相手の役割を自己の役割として定義する。他者のようになる、あるいは実際に他者となることを試みる。自分を満たそう、見習おう、他者の特性を獲得しようとする欲求に基づいているとされ、例えば、子供が父やフットボールのヒーローに同一化するのが、この形態である（Ashforth and Mael, 1989）。

また、二者の役割が互いに関係し、お互いの行動に相互期待を共有するときにできる相互役割関係（reciprocal role relationship）がある場合、他者の期待や感覚や必要とするものに関して共感という形で反応するときにも、個人は相手のアイデンティティに同一化する（Kelman, 1961）。例えば、夫と妻、医者と患者の場合がそれである（Ashforth and Mael, 1989）。子供のころのヒーローであるサッカー選手になろうと同一化するのが前者で、ファンとして選手に共感することで同一化するのが後者であるといえよう。どちらも、特定の人物と一体感を持つことで、自分はこういう人だという満足のいく自己定義を持ちたいという欲求を満たしている。

(2) 組織アイデンティティ

個人がさまざまなアイデンティティを持つように、組織もさまざまなアイデンティティを持つ。アイデンティティとは「自分がどのような存在であるか」という問いに対する自己認識であるから、組織アイデンティティとは、「我々の組織（例えば会社）はどのような存在であるか」という問いに対する自己認識（Albert and Whetten, 1985；Whetten, 2006；山城，2015）となる。知覚された組織のアイデンティティは、組織の集合的なアイデンティティとは異なる。根源的（central）で、特徴的（distinctive）で、継続的（enduring）だとメンバーが感じる特性から成るものであり（Albert and Whetten, 1985）、メンバーが組織に同一化する度合いに影響するだけの力強いイメージを提供することができる（Dutton et al., 1994）。メンバーはそれぞれに異なる概念化を行うため、組織には複数の組織アイデンティティが存在する（Pratt and Foreman, 2000）。

組織が複数のアイデンティティを持つ背景の一つとして、規範的な側面と功利的な側面があることが挙げられる。Albert and Whetten（1985）は、例として大学（宗教的背景を持つ大学）を挙げている。大学は、教会（規範的アイデンティティ）とビジネス（功利的アイデンティティ）の二面性を持つ。規範的組織では、内集団には比較的平等主義であるが、内集団と外集団、つまりインサイダー（信者）とアウトサイダー（異教徒）に区別する。規範的組織のリーダーは、外的脅威の発生を予期し、メンバーとの結びつきを強くしなければならない。そのため規範的組織では、メンバーが自分たちを特別なものと見なす傾向がある。一方、功利的組織では、マルチレベルで高度に差別化されたランク構造を持つ傾向にある。メンバーにとって重要なのは、経済的なインセンティブである。この二つのアイデンティティを持つ組織は、政策構築、戦略、内的コンフリクトへの対応において多くの困難に直面することが予測される。功利的組織では、広告やマーケティングを行い、規範的／宗教的組織では布教を行う。どちらの場合においても、組織は規模やサポートを得ようとすることからくる活動である。しかしながら、規範的組織は時折、本質的価値を売ることは品位や尊厳を落とすとして批判を唱える。もし本質的価値が道具的価値を持つと説明されるならば、その本質的価値は減少する、という主張に依拠しているようである。会社も、功利的組織ではあるが、功利的アイデンティティだけではなく、社会貢献や地域貢献などの規範的アイデンティティを持ち合わせている。

このAlbert and Whetten（1985）の考え方を参考にすれば、例えば法律事務所は社会正義の実現、病院は人命救助という規範的アイデンティティを持つと同時に、組織を継続的に存続させるためにはビジネスの側面である功利的アイデンティティを持たなければならない。そして、功利的側面や規範的側面からくるさまざまな特性から、それぞれに異なる組織アイデンティティを認知するのである。

(3)　組織アイデンティフィケーション

組織アイデンティフィケーションについて、これまで多くの研究者が定義を試みてきた（Hall et al., 1970；Ashforth and Mael, 1989；Dutton et al., 1994；Brown, 1996；Pratt, 1998 他）。自己と組織の価値の一致であるとするものもいる（Hall et al., 1970 他）が、多くの研究では Kelman（1958;1961）のアイデンティフィケーションのプロセスを踏まえた、組織の定義と自己の定義の認知的関係性（Brown, 1996）に焦点を当てている。本研究においても、組織アイデンティフィケーションは、Tajfel の社会的アイデンティティ理論と Turner の自己カテゴリー化理論から、自己をその動機を満たす集団（組織）の一員としてカテゴライズし、組織との一体感や帰属に対する認知をすること（Ashforth and Mael, 1989；高尾，2013a）という立場を支持する。例えば、自分の所属する組織のアイデンティティが他と比べて顕著に際立っていると認知する。そのアイデンティティに魅力を感じ共感すると、古典的アイデンティフィケーションと同様のプロセスでその組織アイデンティティが自分のアイデンティティの一つとなり、その組織との一体性を感じるようになる。この同一化が組織アイデンティフィケーションである。自己概念が組織の特徴により高められると感じる場合、自己を簡単に表現できる機会を提供してくれることから、個人は組織に引き寄せられる（Shamir, 1991）。そのため、例えばある会社が、自分にとって価値のある特徴的な形態（文化、戦略、構造）を持っていると思う従業員や顧客は、その会社を同一化の魅力的なターゲットと見なすのである。つまり、会社の特色を好ましいと知覚することが、会社とのより強い同一化を導くものと思われる（Ahearne et al., 2005）。

組織アイデンティフィケーションには、会社（company）や事務所（firm）、職業グループ（profession）などさまざまな単位の社会的組織への同一化がある。本書では、それぞれを「会社アイデンティフィケーション」、「事務所アイデンティフィケーション」、「職業アイデンティフィケーション」、と呼称する。法人格を持つ・持たないを問わず組織本体へ同一化することを会社アイデンティフィケーション（例えば、従業員の会社アイデンティフィケーション、顧客の会社アイデンティフィケーション）とする。会社の中でも同一化するレベルは多様であり、先行研究の中には、多国籍企業本体へのアイデンティフィケーションと現地法人へのアイデンティフィケーションについての研究などもある（Smale et al., 2015；Vora et al., 2007；Reade, 2001）。

プロフェッショナル・サービス・ファームの場合は、法律事務所や会計事務所等へ同一化することを「事務所アイデンティフィケーション」とし、会社アイデンティフィケーションと同階層の概念として位置づける。

4. 本書の構成

本書の構成について、第2章ではまず、組織アイデンティフィケーションに関する先行研究から理論的考察を行う。その考察を踏まえ、第3章で研究の目的と方法を明らかにし、リサーチ・クエスチョンを立て、リサーチ・デザインを設計する。第4章では理論的に実証されていない部分について、事実を確認するため、リーガル・サービスにおける組織アイデンティフィケーション構造について定性的な調査の内容を記述する。第5章では定量的に調査を行い、第2章の先行研究調査と第4章の定性調査で導いた仮説を検証する。そして、第6章で総括する。

1 https://www.unibo.it/en/university/who-we-are/our-history/the-numbers-of-history
2 https://web.unisa.it/en/university/history
3 https://www.nichibenren.or.jp/jfba_info/organization/event/data/17th-keynote-report.1.pdf
4 https://www.nichibenren.or.jp/library/ja/jfba_info/statistics/data/white_paper/2017/1-5-5_tokei_2017.pdf

第2章 組織アイデンティフィケーションについての理論的考察

1. 組織アイデンティフィケーションの特徴

組織アイデンティフィケーションは、1990年頃から組織行動研究者に注目されるようになった研究テーマである。

その発端となる概念は社会心理学における組織アイデンティティである。個人がさまざまなアイデンティティを持つように、組織もさまざまなアイデンティティを持つ。アイデンティティとは「自分がどのような存在であるか」という問いに対する自己認識であるから、組織アイデンティティとは、「我々（の会社）はどのような存在であるか」という問いに対する自己認識（Albert and Whetten, 1985；Whetten, 2006；山城, 2015）となる。組織アイデンティティは、根源的で、特徴的で、継続的だとメンバーが感じる特性から成るものである。また、メンバーはそれぞれに異なる概念化を行うため、組織には複数の組織アイデンティティが存在する（Pratt and Foreman, 2000）。

組織アイデンティフィケーションとは、自己を、その動機を満たす集団（組織）の一員としてカテゴライズし、その組織との一体性を認知することである（Ashforth and Mael, 1989；高尾, 2013a）。例えば、ある会社のアイデンティティが他と比べてプラスに際立っていると認知したとする。何らかの要因によりそのアイデンティティが琴線に触れると、その会社との一体性を感じるようになる。この一体性が組織アイデンティフィケーションである。

組織アイデンティフィケーションの概念は、社会的アイデンティティ理論（Social Identity Theory）と自己カテゴリー化理論（Self-Categorization Theory）

から説明されている。社会的アイデンティティ理論は、自らにとって好意的で価値ある社会的集団の一員として、別の集団との比較においてその集団に所属しようとする行動を説明する枠組みとして、Tajfelによって唱えられた（Hogg, 2001）。集団は人のアイデンティティのポジティブな面に寄与することができるが、それは、その集団が他の集団から価値あるものとして明確に差別化できるときだけである（Billig and Tajfel, 1973）。人は他との比較において、何かの集団に属し、その集団がどんなものかを定義する。性別や民族、肌の色、言語などもその一例である。例えば、日本に比べて米国は人種の多様性に富んでおり、肌の色やルーツの違いによる社会的アイデンティティが醸成され易い環境にあるといえる。また、人は、ポジティブな社会的アイデンティティを獲得・維持したいという欲求をもっていて、そのため、自分の所属する内集団を外集団から好意的に差別化をする（Tajfel and Turner, 1979）。例えば、出身地の社会的アイデンティティを持つ人は、大阪出身という集団に自己をカテゴライズし、大阪のアイデンティティはこれであるという自分なりの認識のもと、東京との比較において大阪出身であること好意的に認識して自己定義しようとするのである。

組織アイデンティフィケーションを説明するもう一つの理論である自己カテゴリー化理論は、Turnerらが社会的アイデンティティ理論のカテゴリー化のプロセスに注目したことによる（Hogg, 2001）。あるカテゴリー内の類似度と他カテゴリーとの間の差異が大きければ大きいほどそのカテゴリーが単位として認識されるというメタ対比の原理や、カテゴリーの顕現性、アクセス可能性、状況との適合性といった条件により、ある集団の一員として自己をカテゴリー化し、脱個人化が生じるという仕組みである（柿本, 1997；高尾, 2013a）。

このTajfelの社会的アイデンティティ理論とTurnerの自己カテゴリー化理論を基に、Ashforth and Mael（1989）は、社会的アイデンティフィケーションとは集団との同一化の認知あるいは帰属を意味するとした。さらに組織アイデンティフィケーションを測る尺度がMael and Ashforth（1992）によって開発されたことで、研究が加速した。所属する会社との組織アイデンティフィケーションが高いということは、会社のアイデンティティが自分のアイデンティティを表すものであると認知していることになる。そのため、会社に同一化し

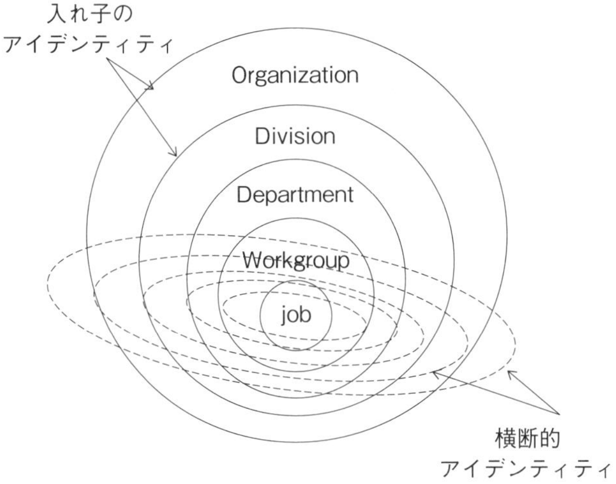

図 2.1　入れ子のアイデンティティと横断的アイデンティティ
出所：Ashforth and Johnson 2001.

た個人は、その会社が称賛されれば自分が成功したように感じ、批判されれば自分が侮辱されたように感じる。

個人がさまざまな対象に多重に同一化することは既に述べた通りで、組織内の従業員もさまざまな単位の組織やグループに同一化する。ワークグループ、部署、部門、および組織…各階層レベルは、役割が手段—目的の連鎖で結合するように前者を包含し、**図 2.1** のように入れ子構造になっている（Ashforth and Johnson, 2001）。この入れ子構造のアイデンティティは、①包括的·排他的、②抽象的・具体的、③遠位・近位という少なくとも三つの鍵となる次元により多様である。高次組織の役割に固有の価値と行動規程は、低次にあたるワークグループの役割に内在するものの、より抽象的で一般化されたものになる傾向がある。つまり、高次組織のアイデンティティは、より包括的、抽象的、遠位であり、個人への顕現性が低くなる一方、低次のグループのアイデンティフィケーションは、より排他的、具体的、近位となり、顕現性が高くなる。一番関わりのある低次の社会的カテゴリーが、最優先されるグループとなる。

しかしながら、高次の組織へのアイデンティフィケーションが、より重要であるという指摘もある。高次のアイデンティティが顕著になればなるほど、組織のメンバーはその高次のアイデンティティに沿って考え、感じ、行動するようになる。例えば、顕著な組織アイデンティティは、狭い低次の目標に先立って組織の目標を追求し、より高次の視点から問題や出来事を解釈し、組織の規範に沿った方法で組織の価値を制定し、組織の他のメンバーと協力し、組織市民行動をとる、といった行動を促すと考えられる（Ashforth and Johnson, 2001；Ashforth and Mael, 1996；Dutton et al., 1994）。

組織には入れ子構造だけでなく、横断的なアイデンティティも存在する（Ashforth and Johnson, 2001）。組織内で横断的な例えば、フォーマルなコミッティーやインフォーマルな派閥などがあるし、職業アイデンティティのように組織の境界を越えて存在するものもある。

多重アイデンティフィケーションの研究では、所属する組織とのアイデンティフィケーションと職業アイデンティフィケーションの両方を持つ（Russo, 1998；Bamber and Iyer, 2002；Hekman et al., 2009a；Hekman et al., 2009b；Bartels et al., 2010）ことや、多国籍企業の海外現地法人に所属する従業員が、多国籍企業アイデンティフィケーション（Multinational Corporations Identification）と現地法人アイデンティフィケーション（Subsidiary Identification）の両方を持つ（Reade, 2001；Smale et al., 2015）ことが指摘されている。さらに、この同一化は現存する組織のみに限らない。企業の合併／買収が行われる際には、元の会社とのアイデンティフィケーション（Pre-Merger Identification）と合併後の会社とのアイデンティフィケーション（Post-Merger Identification）が生まれ、コンフリクトが起きることも指摘されている（Ullrich et al., 2005；Lupina-Wegener et al., 2014）。突然制度も文化も異なる会社が一つになり、新しいアイデンティティを押し付けられても、皆が合併後の会社に同一化するとは限らない。

職業に差別化された属性や要件が存在すると、職業アイデンティフィケーションが育つためのプラットフォームになる。プロフェッショナルの場合、同一化のプロセスは、その価値や属性でメンバーが社会化される場所となる訓練学校で始まり、職場でさらに強化される。同一化のプロセスは、確立された名声のある職業のときにより強化される。例えば、医学や法学がそれにあたり、そのメンバーは社会的に価値のある特有な知識とスキルを持つ（Loi et al.,

2004）。

2. 類似概念の整理

(1) 組織コミットメントの概要

組織アイデンティフィケーションの類似概念としてたびたび論じられてきたのが、組織コミットメントである。コミットメントは、社会心理学や組織行動の分野において、研究が進められてきた。1974年のPorterらの定義では、組織コミットメントとは「特定の組織に対して個々人が感じる一体感の強さ、あるいは組織への関与の強さ」（金井・高橋，2004）で、結果として企業の生産性を上げ、離職意図を下げることが指摘されてきたが、コミットメントという単語には複数の意味があり、社会心理学、経済学、経営実務など視点により解釈が異なる。そのため今日まで、その定義や分類が繰り返し行われてきた。

主な解釈としては、上記Porterらをはじめとして、Buchanan（1974）による「組織の目標や価値、目標や価値と関連した役割、そして組織そのものに対する偏向的、情緒的な愛着」（松山，2013）、Mowday et al.（1979）による「特定の組織への同一化と没入」（鈴木，2002）といった情緒的・愛着的側面があること、また、Becker（1960）による「副次的な賭け（つまり利益の享受）の結果で、組織に留まるかを判断する」（松山，2013）、Hrebiniak and Alutto（1972）による「社会的地位や信頼関係という、今の諸関係を維持するために組織に参加しつづける」（二村編，2004）といった功利的側面があることが体系的に明らかにされてきた。現在、組織コミットメントの考え方のメインストリームとなっているのは、Allen and Meyer（1990）が提唱したコミットメントの三次元モデル（または、マイヤー＝アレン・モデル）と呼ばれるものである。情緒的（愛着的・感情的）コミットメント（Affective Commitment）、存続的（功利的・計算的）コミットメント（Continuance Commitment）、規範的コミットメント（Normative Commitment）の三つを、コミットメントの下位概念として分類したものである。

もともと、Porterらのいう一体感、Mowdayらのいう同一化とは、組織アイデンティフィケーションと同義で、組織コミットメントは組織アイデンティフィケーションを内包する概念であったと考えられる。しかし、二村編（2004）によると、アイデンティティを欲求の上位概念と位置づけ、組織アイデンティフィケーションの数量的な測定手段を持たなかったことから、70年代以降、同一化研究はコミットメント研究に没入されてしまった。一方で、コミットメント研究における測定手段としては、Allen and Meyer（1990）による、情緒的コミットメントの尺度であるACS（affective commitment scale）と存続的コミットメントの尺度であるCCS（continuance commitment scale）や、Porterら（Porter et al., 1974；Mowday et al., 1979）による、情緒的コミットメントの尺度であるOCQ（organizational commitment questionnaire）が開発され、実証研究が進んだ。尺度開発がされていなかったアイデンティフィケーションという概念は、コミットメントの基盤となった概念であるにもかかわらず、コミットメント研究での存在感は無くなってしまった。

最新のコミットメント研究では、人物中心の分析方法（person-centered analytic strategies）をとることがトレンドになっている。例えば、人は、会社に対する情緒的コミットメント、上司に対する情緒的コミットメント、チームに対する情緒的コミットメントなどを同時に持つという視点をもつ。情緒的、存続的、規範的の三つのマインドセットを変数としてその普遍的な関係性を調査する従来の研究方法から、三つのマインドセットと、組織、仕事、上司、チームなどのターゲットとを掛け合わせ、人に焦点をおいた研究へと移行している（Meyer et al., 2015；Morin et al., 2015；Schoemmel and Jønsson, 2014）。何（誰）に対してどういうコミットメントをしているのか、それぞれの先行要因や結果に違いがあるのか、などを人の視点で考えるのである。組織アイデンティフィケーション研究はもともと人が組織に対して持つ一体性の認知として、人に焦点をあてた研究であるため、研究の方向性は、より組織アイデンティフィケーション研究の視点に近づいてきているといえる。対象が多重になればそれだけ分析が複雑になるが、それぞれの関係性について、今後の実証研究が期待されているところである。

⑵ アイデンティフィケーションとコミットメントの理論的な弁別性

組織アイデンティフィケーション研究では、組織コミットメントの中でも情緒的コミットメントを類似概念として相違や関係が検討されてきた。Russo (1998) は、組織へのコミットメントは、組織アイデンティフィケーションが表現された形式（態度や行動）であると述べている。一方、プロフェッショナルは、例えば看護師のように、その育成過程において特定の組織に所属する以前から職業アイデンティフィケーションが育まれるため、アイデンティフィケーションがコミットメントと関係なく形成される場合があることを指摘している。Pratt (1998) は、アイデンティフィケーションは個人の自己概念の観点から個人と組織の関係を述べており、コミットメントはそうではないという点が一番の特徴であるとし、組織コミットメントは、「私はこの組織にいてどのくらい幸せで、満足か」という尺度で測られるのに対して、組織アイデンティフィケーションは、「私のいる組織との関係において、自分自身をどのような者として理解しているか」という問いに関心が向けられている点をもってして、弁別性を主張する。つまり、組織の価値や信条を支持（acceptance）するのがコミットメントであり、共有（sharing）・保有（possessing）するのがアイデンティフィケーションである、としている。

Pratt (1998) はまた、組織アイデンティフィケーションには negative な側面があることも指摘している。情緒的コミットメントを持つ場合に、対象は切り離された関係であるのに比べ、組織の価値や信条を自己概念としてしまうアイデンティフィケーションは、ともすると他の組織や環境との関係性を断絶する過剰なアイデンティフィケーションを生む。例えば People's Temple や Heaven's Gate のようなカルト教団は、信者がその狂気のアイデンティティに同一化した結果である。コミットメントという客観的視点ではなく、自己のアイデンティティと同一化してしまったため、信者は孤立した生活を送ったのち破滅的な最期を選択することになった。80年代～90年代の IBM や Apple は、自らのアイデンティティに安寧することにより外部環境の変化によるアイデンティティの見直しに対応できないという問題を抱えることになった。本書の中では、Pratt の指摘するネガティブな側面は議論の範囲外とするが、アイデンティフィケーションがコミットメント以上に人間の深層にある心理であるだけに、組織がアイデンティフィケーションを育てることには大きな効果がある一方で、大きな抵抗や反感を生むこともあるということに注意を払う必要があるであろう。とはいえ、組織が方向を見誤らなければ、アイデンティフィケーションは「従業員と組織両方にとっての万能薬」(Pratt, 1998)、ひいては顧客と組織にとっての万能薬にもなると考えられる。

Riketta (2005) は、先行研究にある96サンプルのメタ分析により、組織アイデンティフィケーションと組織コミットメント (Attitudinal Organizational Commitment) が異なることを立証し、van Knippenberg and Sleebos (2006) は大学の教員に対する調査によって、組織アイデンティフィケーションと組織コミットメントについての弁別性および関係性を実証している。日本でも高尾 (2013b) が実証研究を行い、その弁別性を支持する結果を見出した。職務満足、知覚された組織からのサポート、転職意図との関係性においても、両者を弁別することが妥当と結論づけている。

(3) アイデンティフィケーションとコミットメントの関係性

Pratt の指摘以降、アイデンティフィケーションとコミットメントは異なる概念として異なるフィールドにおいて研究がされてきた。これらが歩み寄りを見せるのが Meyer et al. (2006) の研究で、「組織コミットメント研究の第一人者である Mayer と、組織アイデンティフィケーション研究の第一人者である van Dick により、両概念が異なっていることを前提として、アイデンティフィケーションがコミットメントに影響を与えるというモデルが提示されている」(高尾, 2013b)。組織や職業のアイデンティティと個人が一体化することで、組織やチームに対するコミットメントに影響があること、その影響は正も負もあり得ることを指摘している。例えば、強い職業アイデンティフィケーションは、強い組織コミットメントを生む可能性がある一方、職業アイデンティフィケーションと組織アイデンティフィケーションとの間にコンフリクトが起これば、逆にコミットメントを弱める可能性があることを指摘している。また、Lam and Liu (2014) は自動車ディーラーの従業員に対する調査によって、組織アイデンティフィケーションと情緒的コミットメントには正の関係あること、情緒的コミットメントは離職意図と負の関係にあり、情緒的コミットメントが組織アイデンティフィケーションと離職意図の関係を仲介する役割を果たしていることを指摘した。Lee et al. (2015) は、341の発表済論文と16の未発表の論文を使ったメタ分析を行い、組織アイデンティフィケーションと組織コミットメントは別の概念であるとした上で、組織アイデンティフィケーションは、職務没入（job involvement）、職務満足、情緒的コミットメント、役割内行動（in-role performance）、役割外行動（extra-role performance）と高い相関を持っていることを明らかにしている。

Stinglhamber et al.（2015）は、次の三つの結論を導き出した。一つ目は、組織アイデンティフィケーションが組織における態度や行動（組織コミットメントを含む）に影響を与えるのであって、その逆はないということ、つまりコミットメントや満足は、個人が組織に同一化することの帰結であること。二つ目は、組織アイデンティフィケーションが、組織からのサポート、リーダーとメンバーの関係性（leader-member exchange）、職務の自律性（job autonomy）の3要素と情緒的コミットメントを媒介すること。そして三つ目は、情緒的コミットメントが、組織アイデンティフィケーションと離職の間の負の関係を媒介していること、つまり、魅力のある職場環境は組織アイデンティフィケーションを通し、情緒的コミットメントを高め、かつ従業員の離職を下げるとされた。

以上の先行研究より、組織アイデンティフィケーションと情緒的コミットメントは、別の概念であると同時に、組織アイデンティフィケーションの結果として情緒的コミットメントを位置づけることができる。職業アイデンティフィケーションと情緒的コミットメントの形成にはタイムラグがあることや、複数の組織アイデンティフィケーションにコンフリクトが起きた場合にコミットメントに逆の影響を与えることは、両者を別の概念として扱うことで説明ができる。

3. マーケティング論における組織アイデンティフィケーション研究の発展

マーケティング論における組織アイデンティフィケーション研究は、Ashforth and Mael（1989）が、組織のアイデンティティは組織内のメンバーだけでなく、他のステークホルダーからも認知されると指摘したことが契機となった。従業員だけでなく顧客も会社組織に同一化するという指摘は、大学の卒業生（Mael and Ashforth, 1992）や、美術館の会員（Bhattacharya et al., 1995）などの研究から始まった。あるグループと同一化した結果として、帰属を認識することが社会的アイデンティフィケーションであるため、従業員でない個人もメンバーとして組織に同一化することが可能である。肯定的で特徴的なアイデンティティは、組織内のメンバーだけでなく、他のステークホルダーからも認知されるようになり、サポートやロイヤルティを享受できる（Ashforth and Mael, 1989）。Alumniには、大学の卒業生の同窓会組織や、企業にかつて所属していた人のAlumni組織等が存在する。彼らは、従業員に近いコミュニケーション活動をする一方で、購買行動や推奨行動など顧客に近い活動を行う。Iyer et al.（1997）は、監査法人のAlumniに所属している人々に対して、かつての雇用主である監査法人とのアイデンティフィケーションを調査している。Bardon et al.（2015）は、過去の雇用主とのアイデンティフィケーションの形成要因についての定性調査を行っている。その後、組織化された元従業員や支援者という中間的存在から顧客個人へと研究の対象が変化していく。

人は多様な対象に同一化するため、複数のアイデンティティを持つ。Ashraf and Merunka（2013）は、顧客は会社とのアイデンティフィケーションを持ち、ブランド拡張などの企業主導のアイデンティティの変更にはリスクを伴う（つまり、元のブランド・アイデンティティと競合する）可能性があることを指摘している。また、古典的アイデンティフィケーションの文脈では、人は、医者と患者のような互恵的な役割関係の中で相手に同一化したり（Kelman, 1961）、カリスマティックな創始者やマネージャーに同一化したりする（Ashforth and Johnson, 2001）。カリスマティック・リーダーは、集団としての社会的カテゴリーに属さないものの、組織はしばしば、カリスマの日常化[1]を通して、個人とのアイデンティフィケーションを組織とのアイデンティフィケーションに一般化しようとする（Ashforth and Mael, 1989）。これにより、個人が社会的なアイデンティティを持つことになる。

この個人とのアイデンティフィケーションは、組織へのアイデンティフィケーションと同時に保持することができ、顧客が組織のメンバーが持つ社会的なアイデンティティに魅力を感じることがある。例えば、プロスポーツの選手である。Wu et al.（2012）は、野球ファンのロイヤルティに、組織である球団とのチーム・アイデンティフィケーション（Team Identification）と、チームのメンバーである選手とのプレーヤー・アイデンティフィケーション（Player Identification）が複雑に影響していることを指摘している。チーム・アイデンティフィケーションとは、自己とスポーツチームとのつながりの認知、チームの成功と失敗を自己の体験として考えることとして定義される（Ashforth and Mael, 1989）。プレーヤー・アイデンティフィケーションとは、親密な愛着に結び付く、他人への自己の適応を指す。言い換えると、相互に関係ある自己と特定のプレーヤーとのつながりや、プレーヤーの成功と失敗を自己の体験として考えることを、個々に認知することである（Wu et al., 2012）。プロ野球選手はプロフェッショナルであることから、プレーヤー・アイデンティフィケーションとはつまり、プロフェッショナルとのアイデンティフィケーションということになる。そのため、野球選手でいる間は同一化していていも、辞めてしまうと野球選手でないその人に同一化しているわけではないため、Kreiner and Ashforth（2004）のいう脱同一化（disidentification）が起こる。

アイドルグループでも同じようなことが言えそうである。ファンである顧客は、グループへのアイデンティフィケーションとメンバーへのアイデンティフィケーションを同時に持つことができ、メンバーが辞めてしまうと、メンバーへの、あるいはメンバーとグループへの同一化が解消される。あるいは、そのメンバーが別のグループに移籍した場合、旧グループに対して脱同一化が起き、新グループに対する同一化が生まれることもあるだろう。

顧客が会社などの組織に持つアイデンティフィケーションの高さは、熱狂的なアップルユーザー、ハーレー・ダビッドソンのチームメンバー、阪神ファンなどを想像すればよい。自分がポジティブに思う組織に同一化することで、自己のアイデンティティを形成し、同時に主張することで、社会活動において他人が自分を判断する材料としている。顧客が会社だけでなく個人に同一化する例として、ハルキスト（村上春樹のファン）がいる。これは、カリスマティック・リーダーを頂点とする派閥を形成するのと同様、個人へ同一化している人々が集団を形成している例である。ここにおいて、個人への同一化は、古典的アイデンティフィケーションから社会的要素を含むアイデンティフィケーションに変革している。

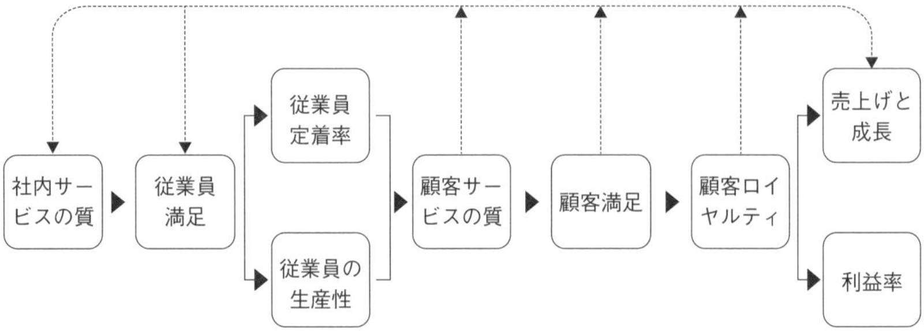

図 2.2　サービス・プロフィット・チェーン

出所：Heskett et al. 1994.

このように、人はさまざまな組織と同一化して自己のカテゴリー化を行うことで社会性を保とうとすることから、研究の対象や範囲も多岐にわたる。

4. 組織アイデンティフィケーションを考慮したバリュー・プロフィット・チェーン

(1) サービス・プロフィット・チェーンへの適用

近年、組織アイデンティフィケーションの概念は、サービス・マーケティングにおいて会社組織の成長モデルの一つであるサービス・プロフィット・チェーン（以下、「SPC」という）に取り入れられ（Bhattacharya and Sen, 2003；Homburg et al., 2009)、その構造を発展させている。

SPC とは、企業が長期的な収益を得るために、社内サービスの質〜従業員満足〜生産性〜顧客サービスの質〜顧客満足〜ロイヤルティ〜収益を関連づけるモデル（**図 2.2**）である（Heskett et al., 1994)。のちに Heskett et al. (2003) により、中心に置かれる要素は、顧客サービスの質から顧客価値に変更され、長期的に顧客価値を提供し、企業が収益を出して存続し続ける仕組みとしてバリュー・プロフィット・チェーン（以下、「VPC」という）と称されるようになる。

VPC では、上司の公平さ、職場での同僚との関係の質、職務における個人の成長機会、能力、顧客に結果を提供するために与えられた権限の自由度、顧客と直に接する職務において達成される満足度、金銭的報酬、これらの要因の結果として従業員満足が生まれる。満足し、顧客との関係を持ち、忠誠心があり、生産性の高い従業員によって、価値が作り出される。競争相手よりも高い水準の価値を実現することで、顧客満足が発生し、顧客満足により、顧客のロイヤルティとコミットメントが高くなり、それにより成長と収益性が期待できる、という、一連の現象である（Heskett et al., 2003：邦訳，p. 49）。

顧客満足が収益に結び付く行動や態度を促すことは直感的に肯定できる。顧客満足により、口コミや再購買意図が高まり、ロイヤルティにつながることから、顧客満足度調査を実施している企業は少なくない。また、従業員満足を高めるため、企業は成果に応じたボーナスを支払い、福利厚生を充実させ、社内研修で人材開発をし、コミュニケーションを活発にする施策やツールを提供している。これらは、離職率の低減につながる。しかし、従業員満足が生産性やサービスの質を上げ、顧客満足を生むという流れについては疑問もある。顧客満足は、購買時やサービス提供時の満足、製品使用時の満足などある程度限定することができる。しかし、従業員満足は、たびたびマズローの理論が持ち出される（Alafi et al., 2013）ことから分かるように、満足する対象は幅広く段階があるため、調査の対象や方法により結果にバラツキが出てくる。従業員が社食や勤務地、給料に満足したとしても、必ずしも生産性が上がるとは限らないであろう。そのため、従業員満足が顧客満足に影響を及ぼしている（Evanschitzky et al., 2011；Grandey et al., 2011；Brown and Lam, 2008；Homburg and Stock, 2004）とする研究がある一方、その因果関係は未解決である（Frey et al., 2013；Luo and Homburg, 2007；Schlesinger and Zornitsky, 1991）という立場をとる研究も多くある。

そこで、SPCのモデルに導入されたのが、組織アイデンティフィケーションの概念である。それまで組織内部でしか検討されてこなかったアイデンティフィケーションの概念を外集団である顧客に適用し、顧客が企業に同一化すると企業の収益につながる行動を取ることを示唆した（Bhattacharya and Sen, 2003）。Homburg et al.（2009）は、従来の満足を軸とするSPCのモデルを補強するべく、組織アイデンティフィケーションの連鎖を加えて、拡張型SPC（**図2.3**）を唱えた。従業員が会社に同一化することで顧客志向が高まり、サービス・エンカウンターである従業員を通して顧客の会社アイデンティフィケーション

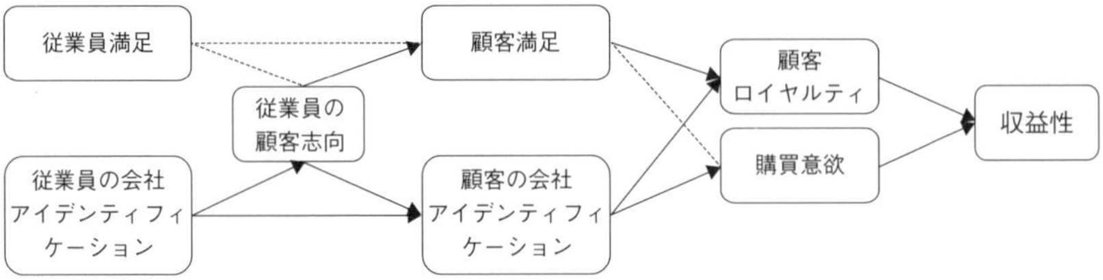

図 2.3　拡張型サービス・プロフィット・チェーン

出所：Homburg et al. 2009.

が育成され、結果的にロイヤルティを生み収益につながるというモデルである。その後サービス・マーケティングにおける研究では、この Homburg のモデルを基に多くの検証が進められている。

この拡張型 SPC は、満足の連鎖と共に、会社アイデンティフィケーションの連鎖を説明するモデルとして完結している。しかし、先行研究から、同一化する組織は、グループ、会社、職業など一つではないことが指摘されている。勤務医は、〇〇病院に勤務している従業員というアイデンティティを持つと同時に、医者という専門職としてのアイデンティティを持っている。弁護士や教師、コンサルタント、建築士、アナリストなども同様である。もちろん、会社と職業以外にも、勤務地やチームなどにもアイデンティフィケーションを持っていることが想定できるわけだが、プロフェッショナル・サービスに焦点を絞ると、同一化する対象で重要なのは、従業員の場合は会社と職業、顧客の場合は会社と直接のサービス提供者であるプロフェッショナルとなる。

先行研究には次のようなものがある。従業員の会社アイデンティフィケーションと従業員の職業アイデンティフィケーションはある条件のもとではライバル・グループになる（Hekman et al., 2009a）一方、高い相関があることが指摘されている（Bartels et al., 2010）。また、従業員の会社アイデンティフィケーションが強いと離職意図は下がるが（van Dick et al., 2004）、医者や弁護士などのプロフェッショナル・サービスにおいては、プロフェッショナルの職業アイデンティフィケーションは会社アイデンティフィケーションより強く（Johnson et al., 2006）、従業員の職業アイデンティフィケーションが強いと離職意図を上げる可能性がある（Scott et al., 1999）ことが指摘されている。Russo（1998）は、新聞社で働くプロフェッショナル（レポーター、エディター、カメラマン等）への調査から、ジャーナリズムという職業とのアイデンティフィケーションが、所属する会社とのアイデンティフィケーションより高いことを示した。とはいえ、両者のレベルはいずれも高く、相関も高いことを報告している。そして顧客は、特にこのようなプロフェッショナルからサービスを受けるとき、プロフェッショナルを通して会社のアイデンティティを知ることとなる一方、関係がより深いプロフェショナル本人の職業アイデンティティから影響を受けることになる。より自分に近く関わりのある低次のアイデンティティの顕現性が高くなる（Ashforth and Johnson, 2001）からである。プロフェッショナルの職業アイデンティフィケーションが高ければ、当然そこからの影響が強くなる。

このように、従業員の職業アイデンティフィケーションの影響があることが指摘されているにも関わらず、それを考慮したVPCの実証研究はまだ少なく、サービス・マーケティングにおける研究課題となっている。

(2)　従業員の組織アイデンティフィケーションの形成要因と結果

従業員の組織アイデンティフィケーションの形成要因と結果を、先行研究から整理していく（図2.4）。

①従業員の会社アイデンティフィケーションの形成要因

まず従業員の会社アイデンティフィケーションの形成要因は、Bhattacharya and Sen（2003）によって組織の威信（プレステージ）、自己との類似性、外部組織との弁別性があることが指摘されて以降実証研究が進み、組織の威信（Mael and Ashforth, 1992；Fuller et al., 2006；Mishra, 2013）、組織の特徴、風土、自己との類似性（Mael and Ashforth, 1992）、CSR（Carmeli et al., 2007；Kim et al., 2010）、組織からのサポート（Sluss et al., 2008b；Stinglhamber et al., 2015）などがあること分かっている。会社アイデンティフィケーションの高い従業員は、会社のアイデンティティと自分のアイデンティティが同一化している状態であるため、会社の成功を自分の成功のように感じたり、会社への批判を自分への批判のように感じたりする。

会社アイデンティフィケーションが形成されるプロセスには、上司や同僚との間の役割関係によって自己を定義する、リレーショナル・アイデンティフィ

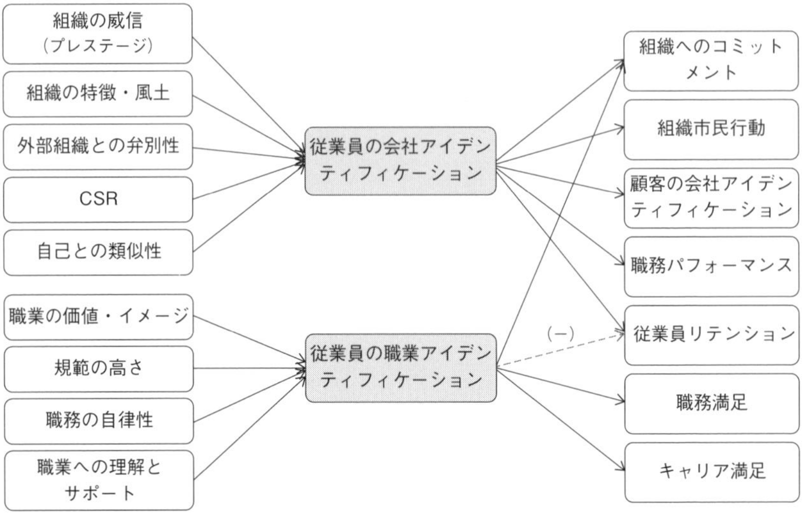

図 2.4　従業員の組織アイデンティフィケーションの形成要因と結果
出所：筆者作成。

ケーションがあることが指摘されている（Sluss and Ashforth, 2007）。例えば、上司との仕事の相互依存性が高い場合や上司が会社のアイデンティティを引き継ぐプロトタイプである場合、部下の持つ上司との関係へのリレーショナル・アイデンティフィケーション（subordinate's identification with the subordinate-manager relationship）は、会社へのアイデンティフィケーション（subordinate's identification with the organization）へと収斂していく（Sluss and Ashforth, 2008a）。

②従業員の会社アイデンティフィケーションの形成要因

従業員の会社アイデンティフィケーションが高まると、従業員の顧客志向（Homburg et al., 2009）、組織市民行動（Carmeli et al., 2007）、離職意図とのマイナスの相関（Bamber and Iyer, 2002；van Dick et al., 2004；Mishra, 2013）、組織へのコミットメント（Meyer et al., 2006；Lee et al., 2015；Stinglhamber et al., 2015）の他、顧客の会社アイデンティフィケーション（Homburg et al., 2009）に影響を及ぼすとされる。

また、従業員は会社組織以外にも部署や店舗、そして職業などにも同一化することがある（Johnson et al., 2006）。特にプロフェッショナル・サービスにおいては、職業アイデンティフィケーションの理解が、VPCを考える上で重要な要素となる。Bamber and Iyer（2002）は、監査法人と会計士に調査を行い、従業員の職業アイデンティフィケーションの形成要因として、職業の価値・イメージ、自律性、職業への理解とサポートを挙げている。例えば、医師には医師会が、弁護士には弁護士会があるように、会社とは別に職業組織が存在する場合がある。その職業に就く者の集団が組織化されている場合、職業上の倫理や法律、会則が強く影響し、職業がより具体的で近位のアイデンティティとなる。従業員の職業アイデンティフィケーションが強いと、その職業ゆえの倫理観や志と、会社の方針に摩擦が起こり、自分の職業理念を通すためや職能を発揮するための転職を考える。結果的に、職業アイデンティフィケーションの高さが離職意図を上げる可能性があることが指摘されている（Scott et al., 1999）。また、Loi et al.（2004）は、香港の弁護士を調査し、職業アイデンティフィケーションが職務満足や組織コミットメントに影響与えること、勤続年数が長いほど職業アイデンティフィケーションの高さによって職務満足やキャリア満足が高くなることを指摘している。

③従業員の職業アイデンティフィケーションとの関係

従業員の会社アイデンティフィケーションと従業員の職業アイデンティフィケーションの関係については、ライバル・グループであると同時に、複雑に関係していることも指摘されている。組織からのサポートは、従業員の会社アイデンティフィケーションが高い時に職務パフォーマンスに高い正の影響を与え、組織の心理的な契約不履行（perceived psychological contract violation）は、職業アイデンティフィケーションが高い時に職務パフォーマンスに高い負の影響を与える（Hekman et al., 2009a）としている。

(3)　顧客の会社アイデンティフィケーション研究の開始

従業員の組織アイデンティフィケーション研究は、1990年代半ばになると、組織の外にいる顧客が持つ組織アイデンティフィケーション研究へと広がりを見せる。まず、大学の卒業生（Mael and Ashforth, 1992）や、美術館の会員

（Bhattacharya et al., 1995）といった研究で、肯定的で特徴的な組織アイデンティティは、組織内のメンバーにとどまらず、卒業生や会員といった従業員と顧客の中間にいるステークホルダーからも認知されることが指摘された。消費者を会員として組織の傘の内部に引き込むことで、組織アイデンティフィケーションを高め、結果として組織へのサポートやロイヤルティを享受できる。その後、個々の顧客の会社アイデンティフィケーションの形成要因と結果に関する研究が始まる。

Homburg et al.（2009）は旅行会社の従業員と顧客を対象とした調査で、VPC の新しい構造を提唱した（**図 2.3**）。これは、ドイツの旅行会社の従業員と顧客、会社の三者からのデータを集めて回帰分析を行ったものである。旅行代理店の各店舗は比較的小規模であり、従業員と顧客の相互作用が大きいことから、調査対象に選ばれた。場所による偏りを最小限にするために、ショッピングモール内、大都市、中規模都市、小規模都市にある旅行代理店を選択、調査チームが直接質問票を配布した。そして、インタビュアーが各旅行代理店に1日滞在し、旅行代理店とのやりとりをした後のお客様にインタビューをお願いした。対応した従業員とサービスを受けた顧客の組み合わせは、コード番号を用いて照合している。

階層的線形モデリング（HLM）と最小二乗法の回帰分析により、満足の連鎖は一部で支持されなかったが、アイデンティフィケーションの連鎖についての以下の仮説はすべて支持された。

仮説 1：従業員の会社アイデンティフィケーションが高いと、顧客の会社アイデンティフィケーションが高まる

仮説 2：従業員の会社アイデンティフィケーションが高いと、従業員の顧客志向が高まる

仮説 3：従業員の顧客志向が高いと顧客の会社アイデンティフィケーションが高まる

仮説 4a：顧客の会社アイデンティフィケーションが高いと、顧客ロイヤルティが高まる

仮説 4b：顧客の会社アイデンティフィケーションが高いと、顧客の WTP

が高まる

仮説5：顧客ロイヤルティが高いと、財務パフォーマンスが向上（競合との緊張関係が高いとき）

仮説6：顧客のWTPが高いと、財務パフォーマンスが向上

この結果を踏まえ、顧客との関係を構築するには顧客満足という要因だけでなく、より深い絆を築くために、顧客の会社アイデンティフィケーションがその要因となり得るとした。その後、顧客満足よりも顧客の会社アイデンティフィケーションを高めた方が、長期的なロイヤルティやWTP（Willingness to Pay）につながる（Haumann et al., 2014）という指摘もされており、ますます顧客の組織アイデンティフィケーションが注目されるようになった。

(4)　顧客の組織アイデンティフィケーションの形成要因と結果

顧客の会社アイデンティフィケーションの形成要因（Appendix 1）としては、Bhattacharya et al.（1995）が美術館と会員について調査した結果、組織の威信、サービスや人の印象、関係している期間と頻度を挙げている。Marin and de Maya（2013）は地方銀行の顧客を調査した結果、組織の特徴・風土、サービスや人の印象、自己との類似性、従業員の会社アイデンティフィケーションを挙げている。Ahearne et al.（2005）は製薬会社と医者（顧客）の関係において、顧客の会社アイデンティフィケーションの形成要因として、会社の特徴、文化や風土、従業員（この場合MR）の印象を挙げている。つまり、顧客の会社アイデンティフィケーションの形成要因は、従業員の会社アイデンティフィケーションのものとほぼ同様であり、加えて従業員の会社アイデンティフィケーションもその一つとなり得るということが分かる。

近年では、顧客の会社アイデンティフィケーションの概念をさらに細分化した研究も行われている。Huang et al.（2017）は、顧客と会社の関係は動的であることに着目し、大手レストランチェーンの顧客への1年にわたる調査で、顧客の会社アイデンティフィケーションの高さと動き方（velocity：the rate and direction of change）について、サービス品質は顧客の会社アイデンティフィケーションの高さの、CSRは顧客の会社アイデンティフィケーションの高さと動

き方の、それぞれ先行要因となることを指摘した。

顧客の会社アイデンティフィケーションの結果（Appendix 2）としては、Mael and Ashforth（1992）、Bhattacharya and Sen（2003）等の研究より、ロイヤルティ、購買意欲、口コミ、否定的な情報に対する回復力（会社が批判にさらされても擁護してくれること）、アイデンティティの変化への攻撃（合併や経営方針の変更でアイデンティティに変化があると、それを承認せず攻撃に転じること）が指摘されている。Ahearne et al.（2005）は、積極的な購買や口コミ、コメント、勧誘等の行動を挙げている。Huang et al.（2017）もロイヤルティに影響することを示し、顧客の会社アイデンティフィケーションを育てることは、顧客との深く、有意義で、長期的な関係を構築する重要なルートだとしている。Wolter and Cronin（2016）は、Johnson et al.（2012）に倣い、顧客の会社アイデンティフィケーションを認知的な（cognitive）側面と情緒的（affective）な側面でとらえて、検証を行っている。本書では認知的な側面をアイデンティフィケーションと定義しているためそこに焦点をあてるが、顧客の認知的会社アイデンティフィケーションは、ブランド変更への抵抗、否定的な口コミ、WTP、ロイヤルティなどに影響があることを指摘している。

顧客の会社アイデンティフィケーションについては、スポーツの世界でも研究が進められている。地元地域を代表し、宿敵となるライバルチームが存在し、ファンが自己に取り込みやすい特徴を多く持つチームほど、大勢の熱狂的なファンによって支えられる現象は、社会的アイデンティティ理論によって説明することができる（吉田，2011）。主にサッカーや野球などのチームスポーツにおいての調査が多く、顧客の会社アイデンティフィケーションは、ファンのチームアイデンティフィケーションという文脈になる。

スポーツファンは、自分自身を特定のチームのファンと認識すると、試合観戦に出かけ、グッズやシーズンチケットを購入し、ファンクラブに入会し、好意的な口コミをするといったチームを支援する行動をとるようになる（仲澤・吉田，2015）。チームアイデンティフィケーションの形成要因としては、競技や選手、地元地域への愛着（仲澤他，2014；仲澤・吉田，2015；出口他，2017）、選手との類似性（Fisher, 1998）、チームの成功（Sutton et al., 1997）、CSR 活動（Walker and Kent, 2009）、プレステージ（Gwinner and Swanson, 2003）、スポーツイベントへの満足度（山口他, 2011;Lee and Kang, 2015）、ファンコミュニティへの愛着（出口他, 2017）などがある。

チームアイデンティフィケーションが高まると、チームにとってはプラスの効果が起きる。観戦への再訪意図（Lee and Kang 2015）、口コミ（Park and Dittmore, 2014）、サービス品質や満足（Gau et al., 2007）、帰属意識と人生の意義（Wann et al., 2017）、BIRGing Basking in reflected glory や CORFing Cutting off reflected failure（Kwon et al., 2008）に影響することが分かっている。BIRGingとは「高い評価を受けている個人・集団と自己との結びつきを強調することによって、自己評価や他者からの評価を高めようとする方略」、CORFingとは「低い評価を受けている個人・集団との結びつきがないことを強調することによって、自己評価の保護や他者からの低い評価を避けようとする方略」（森脇他, 1996）のことである。そして、地元チームへのチームアイデンティフィケーションは、幸福度（well-being）を高める（Wann, 2006）を高めることも報告されている。

ただし、欧州のサッカーで見られるフーリガンのような一部の攻撃的なファンは、Pratt（1998）の指摘した過剰なアイデンティフィケーションの結果として生まれている。Hunt et al.（1999）は、ファンを一時的ファン（temporary fan）、地元ファン（local fan）、献身的ファン（devoted fan）、熱狂的ファン（fanatical fan）、攻撃的ファン（dysfunctional fan）の五つに分類している。チームアイデンティフィケーションによって、一時的ファン（にわかファン）は、消費行動を伴うロイヤルティの高い献身的ファン・熱狂的ファンにもなり得るが、攻撃的ファンにせず、献身的ファン、熱狂的ファンにとどめるため構造については、いまだ解明されていない。

(5)　職業アイデンティフィケーションの形成要因と結果

職業アイデンティフィケーションを高く持つ従業員がサービス・エンカウンターである場合、顧客は、会社だけでなく従業員にも同一化すると考えられる。顧客は、従業員の持つ職業アイデンティティから強く影響を受けることになる。プロフェッショナル・サービスにおいて、例えばリーガル・サービスは担当弁護士から直接サービスが提供されるため、法律事務所よりも、職業アイデンティ

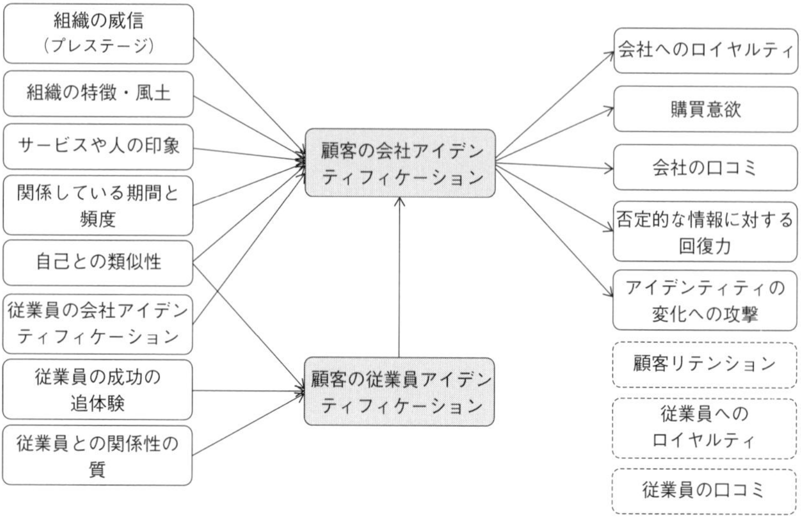

図 2.5　顧客の組織アイデンティフィケーションの形成要因と結果

出所：筆者作成。

フィケーションの高い個々の弁護士に、顧客のアイデンティフィケーションは高くなる傾向があると考えられる。プロスポーツにおいては、チームへの同一化が起きる一方で、身体能力や個性、スキルの高い選手への同一化も起こる。

顧客の従業員へのアイデンティフィケーションの形成要因については、ファンの選手へのアイデンティフィケーションとして、Wu et al. (2012) がプロ野球の球団（会社）と選手（従業員）の顧客に対して調査を行っている。ファンがプロ野球選手とのアイデンティフィケーションを持つ要因として、プレーヤーの成功の追体験（vicarious achievement motive toward player）があることを述べている。また、プレーヤーとの関係性の質がプレーヤーとのアイデンティフィケーションに影響を与える可能性を示唆している。

顧客の従業員へのアイデンティフィケーションの結果については、同じく、Wu et al. (2012) が、プレーヤーとのアイデンティフィケーションがチームとのアイデンティフィケーションに影響を与えるとしているが、再支援意図（re-patronage intension）とは有意な結果が見出せなかった。しかし、顧客の会社アイデンティフィケーションと同様に、従業員へのアイデンティフィケーションが従業員へのロイヤルティや口コミに影響を与えることは容易に想像ができる。また、Netemeyer et al.（2012）は、従業員との類似性が顧客の購買行動に影響することを指摘している。顧客の従業員へのアイデンティフィケーションを介して、購買に影響していると考えられる。いずれにしても、顧客の従業員へのアイデンティフィケーションの形成要因と結果については、まだ研究も少なく、今後解明が望まれる部分である。

⑹　組織アイデンティフィケーション研究の課題

マーケティングにおける組織アイデンティフィケーション研究の、現時点における課題として、３点指摘したい。

１点目は、組織アイデンティフィケーション型 VPC の再考である。これまで、従業員から顧客への会社アイデンティフィケーションの連鎖が顧客ロイヤルティにつながるという Homburg の拡張型 SPC のモデルについて、マーケティングにおける研究が進められてきた。一方、従業員が持つ職業アイデンティフィケーションと、顧客が持つその従業員とのアイデンティフィケーションについての文献はまだ少なく、その影響を考慮した VPC はまだ構築されていない。しかし、これまでの研究から、職業アイデンティフィケーションの影響を取り込むことで、組織アイデンティフィケーション型の VPC をある程度想定することはできる。

会社のアイデンティティに共感したり類似性があると認識したりすることで、従業員や顧客は会社アイデンティフィケーションが高まる。また、顧客との接点にいる従業員の会社アイデンティフィケーションが高いと、会社のアイデンティティが好意的に伝わるため、顧客の会社アイデンティフィケーションも高まる。その結果、従業員も顧客も、会社へのロイヤルティが高まり、コミットメントや口コミ、購買意欲が増加すると考えられる。これらの支援行動は会社の収益性や成長を高めることになる。

一方、プロフェッショナルなど職業アイデンティフィケーションを高く持つ従業員やプロフェッショナル意識の高い従業員がいる組織においては、もう一つのアイデンティフィケーションの影響を考慮しなければならない。従業員の職業アイデンティフィケーションが高いと、顧客は、その従業員に共感し、影響を受けることから、顧客の従業員アイデンティフィケーションが高まる。それにより、従業員へのロイヤルティも高まる。この従業員がいるからこそこの会社の顧客でいようとし、会社へのロイヤルティが高まる。先行研究から、従業員の会社アイデンティフィケーションと職業アイデンティフィケーションの間（Bamber and Iyer, 2002）、および顧客の会社アイデンティフィケーションと従業員アイデンティフィケーションの間（Wu et al., 2012）にも、正の相関があると考えられる。

2点目の課題は、複数の組織アイデンティフィケーションを持つ顧客の視点の整理である。人は複数の組織、複数の従業員や店舗、複数のブランドのアイデンティティに多重に同一化することができるし、アイデンティティの変更を支持することも批判することもある（Ashraf and Merunka, 2013）。そのため、組織アイデンティフィケーション型VPCは、環境により考慮しなければいけないアイデンティティが変わってくる。ブランド拡張やブランドの売却を行った場合は、顧客が旧ブランドと新ブランドの両方にアイデンティフィケーションを持つケースもあれば、コンフリクトを起こしてロイヤルティやリテンションを下げるケースもある。1985年のコカ・コーラの例が良い事例である。ブラインド・テイスティングによるリサーチを行い、顧客が新しいコーラを美味しいと評価したことでニュー・コークを発売したが、ブランドのアイデンティティとして顧客に認識されていた味の変更をしたことで大失敗となった。この場合、変更された味が支持されなかったのではなく、味を変えるという行為をした会社に裏切られたと感じたことが原因である。企業が顧客の認知する組織やブランドのアイデンティティを理解し、マーケティング戦略を構築していくために、概念の整理と柔軟なモデルの構築は、今後の課題である。

COLUMN

史上最も記憶に残るマーケティングの失敗
～ 1985 年のコカ・コーラ

コカ・コーラの長年の競合といえばペプシである。1985 年当時、コカ・コーラ社は、主力市場、主力製品において、ペプシに対するシェアのリードを 15 年連続で徐々に失いつつあった。コカ・コーラを再び活性化させるために、20 万人の消費者の味覚テストで好まれた製法が採用されることになり、1985 年 4 月 23 日、製法を変更する発表をし「ニュー・コーク」が発売された。

ところが、消費者の反応は予想を反するものであった。評論家は「世紀のマーケティング失敗」と非難し、消費者は「古い」コーラを買い占め、10 万人もの抗議の署名がされ、全国各地に抗議団体が出現した。突然の味の変更に消費者は「自分の人生においてコカ・コーラがいかに重要な役割を担っていたのかに気づいた」のだった。

自身の生活や思い出をないがしろにされて憤慨する消費者がいる一方、従業員もまた、辛い日々を過ごすことになった。苦情の電話を受け、酒場で友人から詰め寄られ、配達先では叩かれた。正面ゲートではデモが行われ、マスコミはメディアを使って罵った★[1]。従業員にとって、悪夢の 79 日間となった。

この騒動は同年 7 月 11 日、「コカ・コーラクラシック」という名のオリジナルのコーラを発売することで幕を閉じた。元のコカ・コーラが戻ってくるというニュースは TV のニュース番組で取り上げられ、新聞の 1 面を飾り、消費者は喝采を送った。この話は、コカ・コーラ社のウェブサイトに失敗の物語★[2]として記載されている。

この話から学べることは、消費者がブランドのどんなアイデンティティと一体化しているかを会社側が理解しなければいけないということである。コカ・コーラは、家族、楽しみ、そして楽しい時間と結合した飲料であった。そのため消費者は、家族の一員として欠かせない存在であったコカ・コーラから裏切られたと憤慨した★[3]のである。抗議の電話をし、買い占めをし、抗議団体を作り、声を上げる人々にとってコカ・コーラは、単なる清涼飲料水ではなく、過去の記憶と結びついた、家族同様に一体感を持つ存在であったのである。

もっとも、ニュー・コークの失敗により、消費者はコカ・コーラというブランドとの一体感を改めて自覚し、コカ・コーラ社側もブランドの再確認と強化につながったという意味では、一概に失敗とはいえないだろう。

★1　https://www.coca-colacompany.com/news/the-infamous-1985-launch-of-new-coke

★2　https://www.coca-colacompany.com/company/history/the-story-of-one-of-the-most-memorable-marketing-blunders-ever

★3　McClain, L. The War on New Coke '85: A Case Study. *ffl INDIANA UNIVERSITY*, 99.

3点目は、複数の組織アイデンティフィケーションと収益の関連性である。従業員や顧客は複数の組織アイデンティフィケーションを持つが、それぞれの特徴と収益性や成長との関連については今後の課題である。会社と職業、本社と海外支社、本店と支店など、複数のアイデンティティの特徴を雇用主側が把握し、その形成要因と影響を突き止めることができれば、収益性や成長に大きく貢献する可能性がある。

会社が従業員のプロフェッショナル意識を軽視するような行動をとったり、職業の価値と組織の価値に矛盾が起きたりすると、従業員の職業アイデンティフィケーションと会社アイデンティフィケーションとの間にコンフリクトが起こる（Bamber and Iyer, 2002）。例えば、建築士としての仕事を尊重せず、強度を無視してコストを下げるために会社の方針を押し付けるような場合、職業アイデンティフィケーションの形成要因の一つである専門性や自律性が軽視されるため、会社アイデンティフィケーションは低くなることが考えられる。会社アイデンティフィケーションが低くなった従業員は、他によい職場環境があれば転職するかもしれないし、プロフェッショナルは独立を考えるかもしれない。職業アイデンティフィケーションを考慮したVPCの構造を明らかにすれば、従業員の離反を減少できるかもしれない。また、会社自体が合併によりアイデンティティの変更を余儀なくされる場合も、収益性や成長を考えた組織アイデンティフィケーションのマネジメントが課題となる。通常社内システムや人事システムの統合には細心の注意を払い準備を行うが、企業文化などのアイデンティティは大きく変容しコンフリクトを生むにも関わらず、時間的な解決に任せることも多い。一般の従業員が合併を知るタイミングはそれ以外のステークホルダーと変わらず、大きなショックを受けることもある。当然、従業員だけでなく、顧客が新しい会社のアイデンティティを認知するのも時間を要する。

従業員や顧客の会社アイデンティフィケーションは、ロイヤルティやリテンションを上げ、企業の収益性や成長につながる重要な要素である。そして従業員が複数の組織アイデンティフィケーションを持つことの研究はさまざまな場面を想定して行われてはいるものの、顧客の組織アイデンティフィケーションにどう影響するのか、実務上どんな点に注意を払うべきか、今後のさらなる研究が望まれている。

5. 小括

組織アイデンティフィケーション研究では、企業が長期的にロイヤルティの高い従業員や顧客を獲得するための一つとして、会社アイデンティフィケーションを高めることが有効であり、従業員と顧客にとって魅力的に思えるようなアイデンティティを会社が持つことが求められると考えられている。顧客にとっては、直接対応するサービス提供者の役割は大きく、既存顧客や潜在顧客に対して会社アイデンティティを浸透させる能力を、彼らに持たせるようにしなければならない（Marin and de Maya, 2013）。そのため、従業員の会社アイデンティフィケーションを育てることは、マネジメントやブランド浸透の視点から大きなベネフィットとなる。コンプライアンスの順守、離職率の低下、グループ間コンフリクトの低下などに加え、組織の価値や利益を考えた行動をとるようになる（Pratt, 1998；Mael and Ashforth, 1995）からである。一方、顧客の会社アイデンティフィケーションを育てることも、マーケティングの視点から大きなベネフィットがある。会社アイデンティフィケーションの高い顧客は、ロイヤルティや、口コミやWTPの向上など、会社や製品を強力にプロモートする存在となるからである（Marin and de Maya, 2013；Bhattacharya and Sen, 2003；Homburg et al., 2009；Kang et al., 2015）。

プロフェッショナルの場合は、職業アイデンティフィケーションを持つとされる。職業アイデンティフィケーションが高いと職務満足やキャリア満足が高くなる（Loi et al., 2004）など、会社アイデンティフィケーションと職業アイデンティフィケーションには相乗効果がある（Bamber and Iyer, 2002）一方で、職業ゆえの倫理観や志と、所属する組織の方針にコンフリクトが起こることがある（Mael and Ashforth, 1992）。高い職業アイデンティフィケーションは離職意図を上げる（Scott et al., 1999）ことも指摘されており、環境要因に左右される場合がある。プロフェッショナルが会社と職業の両方にアイデンティフィケーションを持つ一方、顧客にも、職業アイデンティフィケーションの高いプロフェッショナルからの影響が起きる（Wu et al., 2012）。職業アイデンティフィケーションをもつ従業員が顧客に影響を与えていること、顧客は従業員のアイデンティフィケーションを知覚して従業員へのアイデンティフィケーションを持つこと、以上を考慮すれば、プロフェッショナルのVPCには、会社アイデンティフィケーションの連鎖に加え、職業アイデンティフィケーションの連鎖が生まれ、複雑化するはずである。

1　カリスマの日常化は、マックス・ウェーバーにより主張されたもので、本来は個人のカリスマ性に基づくものであるにも関わらず、血統、制度、官職などの条件でカリスマが個人ではなくなることである（菅野，1958）。

第3章 研究の目的と方法

1. 研究の目的

当初の問題意識は、「プロフェッショナル・サービスのマーケティングは一般的なサービス業と違うのだろうか？違うとすればどのように違うのだろうか？」というものであった。この疑問に答えるため、サービス・マーケティングにおいて議論されているVPCを念頭に、プロフェッショナル・サービスで組織と顧客がどのような関係性にあるのかを解明していくこと、つまり、職業アイデンティフィケーションを考慮したVPCの中で、顧客のアイデンティフィケーションの意味とロイヤルティ獲得の構造を明らかにしたい。

これまで、会社のアイデンティティや従業員の会社アイデンティフィケーションによって高くなる顧客の会社アイデンティフィケーションが、顧客ロイヤルティの先行要因の一つとなること（Homburg et al., 2009；Marin and de Maya, 2013）が指摘されている。顧客満足を高めるより顧客の会社アイデンティフィケーションを高めたほうが長期的なロイヤルティが獲得できる（Haumann et al., 2014）という点で、VPCにおいて組織アイデンティフィケーションがどのような機能を果たしているか、調査する意義がある。プロフェッショナル・サービスでは、プロフェッショナルである従業員には会社アイデンティフィケーションと職業アイデンティフィケーションの二つが共存することが分かっている。そのため、顧客には、従業員を通してその二つからの影響があると考えられる。顧客は、会社アイデンティフィケーションだけでなく、サービスを直接提供する従業員へのアイデンティフィケーションを持つことが考えられる。そのため、プロフェッショナルがもつ職業アイデンティフィケーションが、顧客のプロフェッショナルへのアイデンティフィケーションを上げ、顧客の従業員へのロイヤルティを高めるという職業アイデンティフィケーションの連鎖があると推論できる。しかし、この関係についての実証研究はまだ進んでおらず、この点を明らかにすることが目的である。

2. 研究の位置づけ

Homburg et al.（2009）は、SPC をベースに、組織アイデンティフィケーションを使った拡張型 SPC を提示した。従業員満足が顧客満足に影響し、ロイヤルティを高めるという連鎖だけでなく、従業員の会社アイデンティフィケーションが、従業員の顧客志向を通して、あるいは直接顧客の会社アイデンティフィケーションに影響し、ロイヤルティを高めるという連鎖があるという主張であり、その後、さまざまな視点から会社アイデンティフィケーションの研究が行われている。サービス・トライアングル（Zeithaml et al., 2013, p. 317）をベースに考えると、エクスターナル・マーケティングにより顧客は会社のアイデンティティと直接同一化することができると同時に、インターナル・マーケティングにより従業員は会社と同一化し、従業員とのインタラクティブ・マーケティングにより顧客は間接的に会社と同一化できることになる。

一方、従業員がプロフェッショナルである場合、所属する組織へのアイデンティフィケーションを持つと同時に職業アイデンティフィケーションを強く持つとされている。しかし、プロフェッショナルのいる組織で、顧客のアイデンティフィケーションについての研究はまだほとんどないうえ、従業員の職業アイデンティフィケーションと顧客の従業員へのアイデンティフィケーションの関係性については先行研究でもまだ指摘されていない。プロフェッショナルである従業員が会社と職業の両方に、その顧客が会社と従業員の両方に同一化することが指摘されるなか、プロフェッショナル・サービスの VPC において会社アイデンティフィケーションの連鎖は起きているのか、職業アイデンティフィケーションの連鎖は起きているのかを明らかにできれば、プロフェッショナル・サービス研究、そしてサービス・マーケティング研究においても新しい指摘となる。

3. リサーチ・クエスチョン

先行研究から、プロフェッショナルは、所属する組織と職業の両方に同一化することが分かっており、顧客は会社と従業員の両方に同一化することが指摘されている。また、Homburg et al.（2009）によれば、一般的なサービスにおいての指摘として、従業員が会社に同一化していると、顧客も会社への同一化が高くなるという、会社アイデンティフィケーションの連鎖があることが分かっている。

そこで、プロフェッショナル・サービスでのVPCがどのような構造であるのかをリサーチ・クエスチョンに置き、プロフェッショナルが職業アイデンティフィケーションを持つことを考慮してもなお、その会社アイデンティフィケーションの連鎖は機能するのか、従業員の職業アイデンティフィケーションが顧客の従業員へのアイデンティフィケーションに影響し、顧客のロイヤルティに影響するという連鎖があるのかどうかの調査を行う。以下に、本研究の問題意識、目的、リサーチ・クエスチョンをまとめて提示する。

①問題意識

プロフェッショナル・サービスのマーケティングは一般的なサービス業と違うのだろうか？違うとすればどのように違うのだろうか？

②研究の目的

プロフェッショナル・サービスにおける組織と顧客がどのような関係性にあるのかを解明すること、つまり、プロフェッショナルの職業アイデンティフィケーションを考慮したVPCの中で、顧客のアイデンティフィケーションとロイヤルティの構造を明らかにすること。

③リサーチ・クエスチョン：

プロフェッショナル・サービスのVPCは、プロフェッショナルの職業アイデンティフィケーションの影響を受け、どのような構造になっているのか。

- （先行研究で指摘されている通り）従業員の会社アイデンティフィケーションが顧客の会社アイデンティフィケーションに、更に顧客の会社へのロイヤルティに影響を与えているか？
- （先行研究で明らかにされていないが）従業員の職業アイデンティフィケーションが顧客の従業員へのアイデンティフィケーションに、更に顧客の従業員へのロイヤルティに影響を与えているか？

4. リサーチ・デザイン

本研究では、3段階のリサーチ手法を取った。まず初めに、第2章で関係分野の先行研究を整理し、リサーチ・クエスチョンを設定（前節）した。先行研究からは、プロフェッショナル・サービスのVPCの中で考慮しなければならない職業アイデンティフィケーションの顧客への影響を、読み取ることができなかった。プロフェッショナル・サービスでは重要とされている職業アイデンティフィケーションが、顧客の従業員へのアイデンティフィケーションやロイヤルティにどのように影響しているか、この関係性を明示している文献の存在が認められなかったからである。

そこで次に、この点について事実に基づき帰納的に推論することで仮説モデルを補完するため、プロフェッショナルと顧客の双方を対象に非構造化インタビューによる定性調査を行った（第4章）。プロフェッショナルと顧客との間にどのような事実があるかを把握するには、ビジネスにおけるプロフェッショナルへの依頼という秘匿性の高い事案において、1対1のインタビューが有効であると考えた。

そして、先行研究と定性調査の結果をもとに仮説を構築し、プロフェッショナル・サービスの顧客を対象とした定量調査を行い、SEM（構造方程式モデリング）で解析を行った（第5章）。本研究は、先行研究から演繹的に仮説モデルを構築（モデルの一部は帰納的に導出）した、仮説検証型のリサーチ・デザインである。

5. 調査対象の特徴

本研究では、職業アイデンティフィケーションの影響を加味したプロフェッショナル・サービスのVPCがどのような構造であるかを探求するものであるが、調査においては、プロフェッショナルの中から弁護士、つまりリーガル・サービスでの調査を選択した。リーガル・サービスを選択したのは、第1章第2節で述べた通り、Bowie（1985）のプロフェッショナルの定義を踏まえた上で、プロフェッショナルの中でもより伝統的なプロフェッショナルである弁護士を調査することで、プロフェッショナルであるかどうかの議論を避けると同時に、他のプロフェッショナルへの汎用可能性を高めるためである。

以下、調査の対象であるリーガル・サービスの特徴と背景について述べる。

①弁護士のアイデンティティ

弁護士法第1条には、弁護士の使命として「弁護士は、基本的人権を擁護し、社会正義を実現することを使命とする」、その「使命に基き、誠実にその職務を行い、社会秩序の維持及び法律制度の改善に努力しなければならない」と書かれている。その職責の基準については第2条に「常に、深い教養の保持と高い品質の陶やに努め、法令及び法律事務に精通しなければならない」と記されている。ここからコアとなる共通の弁護士像が生まれている。弁護士になるには、ロースクールに通い、司法試験に合格し、一定期間の司法修習を終えて試験に合格し、日弁連および各地域の弁護士会に登録をしなければならない。日弁連には、弁護士の資格審査、登録手続き、懲戒、罰則を行う権限が付与されており、完全な自治が認められている。弁護士は、弁護士法だけでなく、さまざまある会則、会規、規則に反する行いをした場合は懲戒の対象となり、関係の有無に限らず誰でも弁護士会に懲戒請求することができる。プロフェッショナルに共通であるが、弁護士に定年はなく（法律事務所によっては定年を設けているところもあるが）、生涯弁護士という人も少なくない。

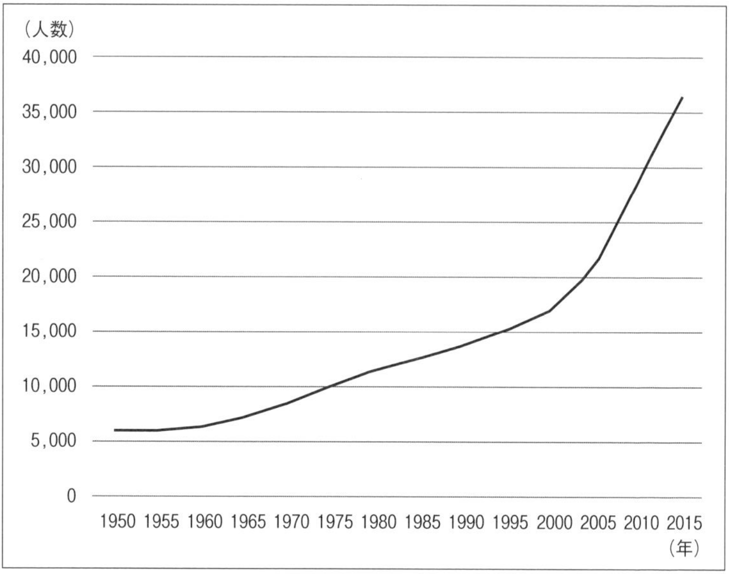

図 3.1　弁護士数の推移

出所：弁護士白書 2017 年版をもとに筆者作成。

②司法制度改革

日本の弁護士の数は、日弁連が 1949 年に設立した当時は約 5,800 人であった。2002 年の司法制度改革推進計画により弁護士人口増員の方向が示されたため、その頃増加率が上がり、2017 年 3 月現在で約 3 万 9,000 人（弁護士白書 2017 年版）、2018 年には 4 万人を突破している（**図 3.1**）。一時期は司法試験合格者数を 3,000 人まで増やす計画があり、2,000 名超の合格者を出した年もあったが、現在の合格者数は 1,500 名程度となっている。国民一人あたりの弁護士数が少ないことや、弁護士過疎地域が多くあったことから、弁護士増員が計画されたわけだが、結果的に弁護士の質の低下を懸念する声や、訴訟需要の伸び悩み、登録後の就職先が見つからない人数の増加などから見直しがされたのである。弁護士資格のある者であれば、自ら独立して事務所を持つことが可能であるが、医者と同様に、ある程度の期間は他の弁護士から仕事のノウハウを学ぶ徒弟制度に似たシステムがあり、修習修了者のうち弁護士になる者はまずは既存の法律事務所に就職するのが通例である。しかし、急速な合格者増員により受け入れ側の法律事務所体制が追い付かず、需給バランスが崩れ、2013 年には修習修了者の 28％にあたる 570 人が、終了直後に裁判官・検察官・弁護士のいずれの登録もできずに（弁護士白書 2016 年版）、その多くが就職難民を経験したと思われる。一方で、弁護士一人あたりの人口は、米国の 264 人、英国の 406 人、ドイツの 497 人、フランスの 1,071 人と比較すると、日本は 3,373 人と未だ多い数字となっている。弁護士は、大都市に多い傾向があり、弁護士一人あたりの人口の少ない方から、東京、大阪、京都、愛知、福岡、多い方から、秋田、岩手、山形、青森、茨城となっており、東京が 747 人、秋田は 12,785 人という開きがある（弁護士白書 2017 年版）。

③大規模化と専門化

事務所の規模に関しては、都市部を中心に事務所の共同化、大規模化が進んでおり、2017 年 3 月現在、弁護士数が 100 人を超える事務所が 10 事務所、そのうち 400 人を超える事務所が 2 事務所、300 人台が 3 事務所ある。1 人事務所に所属する弁護士は、全体の 24.9％である（弁護士白書 2017 年版）ため、4 分の 3 は複数の弁護士がいる事務所に所属していることになる。ビジネスにおける法的な問題は複数の分野にわたることもある。例えば M&A 案件の場合、M&A だけでなく、労務、知財、税法などの幅広い知識が必要とされる。そのため、顧客の問題を解決するには、さまざまな分野に精通した弁護士がいることが競争優位性につながる。そのため、総合病院のように、ワンストップ・サービスを提供する一部の事務所が大型化している。大型の案件の場合、多方面の専門性が必要とされるだけでなく、単純に弁護士の手数を必要とする場合もある。例えば、JAL 再生タスクフォースでは西村あさひ法律事務所の 20 名の弁護士が常駐していたという記事[1] がある。20 名の弁護士が一定期間その 1 案件にかかりきりになったとしても、事務所の運営に支障がでないくらいの体制が必要とされるわけである。事務所の大規模化は、事務所運営の効率化や幅広い業務実績に伴う信頼性の構築を目指すという事務所側の理論のみならず、顧客のニーズに対応したものでもあったといえる。ただ、事務所同士は単純に競合かというと、そうでもない。なぜなら、関係者の多い M&A で代理できるのは 1 社のみであり、訴訟の場合も両方を代理することはできない。既存顧客の案件とのコンフリクトで受任できない場合も多い。そのため、独占にはなり得ず、常に複数の事務所が勢力を維持することになる。とはいえ、一定規模以上の会社で弁護士との付き合いがないという会社はないので、実際はシェアの取り合いとなる。

経営方法としては、弁護士同士がパートナーシップを組む方法と、弁護士法人を設立する方法[2]がある。税務上は大きな違いはないものの、弁護士法人になれば本拠地以外にも国内に複数オフィスを置けるなどいくつかの利点があり、地方の顧客からのニーズや事業継続等の利便性があれば法人化する場合もあり、徐々に増加している[3]。また日本企業の海外進出に伴い、近年ではアジア諸国へのオフィス設置も加速している。職位としては、大きくは、事務所の経営者であるパートナーとそれ以外（アソシエイツ、客員、カウンセル等）に分かれる。事務所の意思決定はパートナーが行うが、大手の法律事務所ではパートナー数も多くなる（2018年8月現在国内最大の西村あさひ法律事務所[4]では、500名超の弁護士のうちパートナーは140名。長島・大野・常松法律事務所[5]では、400名超の弁護士のうちパートナーは112名。）ため、日常の意思決定は、選出された数人のマネージングパートナーの協議により行われていることが多い。しかし、大規模化だけが生き残りの道ではない。ブティック事務所といわれる、専門性を武器にした数名から数十名の事務所というのも多く存在する。大手事務所に比べ業務内容を限定して実績を作り、顧客からの認知と信頼を高めている。

④活動の場の拡大

近年、弁護士は法律事務所に所属する以外にも、企業に雇用された組織内弁護士という選択肢を取るものもいる。2017年6月現在組織内弁護士は1,931名、10年前（2007年）の188名と比較すると、約10.3倍に増加している。弁護士雇用数上位20社では、10名以上の弁護士が企業で働いている（弁護士白書2017年版）。また、2004年に始まった法科大学院の設立により、弁護士にならずとも（なれずとも）法律の勉強をした者が企業に就職するケースも増えた。このことから、ある程度の法律業務は社内で行うこと、外部の弁護士を評価することが可能になり、またインターネット等で法律・判例の動向や、弁護士のウェブサイトやニュースレターから情報を取得することができるようになってきたため、弁護士と顧客企業の情報の非対称性は減少しているといえるかもしれない。大企業には、大手の法律事務所から弁護士が出向し、関係性を構築している例もある。

省庁や大学院にも活動の場は拡大している。2000年以降の法律の施行や改正に伴い、任期付き公務員または常勤職員として、中央省庁や地方公共団体に弁護士として勤務ができるようになっている。任期付き公務員の数は、2017年6月現在198名いる。法科大学院の教員は、専任教員の2割を実務家教員がなることが求められているため、2017年5月現在1,138名中347名が実務家教員で、そのうち263名が弁護士となっている。また非常勤として勤務する教員1,631名のうち950名は弁護士である（弁護士白書2017年版）。その他、企業の社外取締役や第三者委員会のメンバー、政界に進出する者、TVコメンテーターとして芸能事務所に籍を置く者もいて、弁護士はより身近な存在となっている。

⑤規制緩和

弁護士報酬に関しては、2004年の弁護士法改正に伴い、法律相談料や着手金・報酬金などの報酬規程が撤廃された。現在は、「経済的利益、事案の難易、時間及び労力その他の事情に照らして適正かつ妥当なものでなければならない」（日弁連 弁護士の報酬に関する規程 第2条）という規定があるものの、報酬に関する計算式や上限は無くなった。報酬には、顧問料、着手金と成功報酬、タイムチャージなどの種類がある。顧問先であったとしても、イレギュラーな案件や大型案件の場合はタイムチャージとなり、そのレートは、競争に応じて低くなる場合もあれば付加価値により高くなる場合もある。米国ではその差は激しく、全米の弁護士の時間単位のレートは260ドル.（Law Technology Todayによる2017 Legal Trends Report[6]）というデータがあるなか、2016年にはトップローファームのパートナー弁護士のレートは1,500ドルを超えた（The Wall Street Journal 2016年2月9日記事[7]）といわれている。2017年の米トイザらスの破産申請に関するリーガルフィーに至っては、報酬レートは最大1,745ドル（Kirkland & Ellisの2017年9月29日付プレスリリース[8]、Reuters 2018年5月26日記事[9]）であることが分かっている。訴訟案件などでは成功報酬の場合もあるが、それ以外のビジネス案件ではタイムチャージ制をとることが多く、大型案件になれば相当数の弁護士が関与するため、かかった時間に人数が乗算されることになる。日本では報酬レートに関して公表されたデータはないが、米国ほどではないにしろ、一般の職業と比較するとかなり高額なレートである。法律事務所側はベストなサービスを提供するための適正な人数と時間を投与するが、顧客側はそれが適正であるかを判断する基準を持つことができないため、その関係の土台には信頼が必要であり、信頼がなければ不満が生じる原因となる。

広告規制については、日弁連の発足当時は全面禁止であった。しかし弁護士を利用したい市民から、弁護士の業務内容等がわからないという不満が高まり、インターネットの普及による電子広告などのツールへの対応も検討した結果、2000年に解禁された。しかし現在でも勝訴率や依頼者名、案件の内容についての開示には規制があり、法律事務所名称や所属弁護士会の明記などの指針がある。「弁護士倫理」、「弁護士等の業務広告に関する規程」、「業務広告に関する指針」、「弁護士情報提供ウェブサイトへの掲載に関する指針」などの日弁連の会規により品位を損なうことのないよう、厳しく自制されている。広告には、新聞やテレビなどのメディア広告や交通広告があるが、間接的に広告効果のある媒体への参加としては、日経ビジネスや日本経済新聞の弁護士ランキング[10]や、Bloomberg等のM&Aのアドバイザーランキング[11]、リーガル雑誌（Asian Legal Business等）のアワード[12]などがあり、信頼性向上の広報ツールとなっている。

以上のように、特に2000年以降の司法制度改革や規制緩和の影響により、弁護士を取り巻く環境は大きく変化している。顧客の維持がマーケティングの最大の目的だった時代から、顧客の維持・獲得、顧客との関係性の構築、認知拡大、口コミの醸成、ブランドの構築など、一般の企業と変わらないマーケティング手法を検討しなければいけない時代へと転換している。

1 https://diamond.jp/articles/-/1561
2 https://www.toben.or.jp/message/libra/pdf/2010_01/p04-15.pdf
3 https://www.nichibenren.or.jp/library/ja/jfba_info/statistics/data/white_paper/2017/1-4-2_tokei_2017.pdf

4 https://www.jurists.co.jp/ja/firm/index.html

5 http://www.noandt.com/lawyers/index.html

6 https://www.lawtechnologytoday.org/2017/11/legal-trends-report-clio/

7 https://www.wsj.com/articles/legal-fees-reach-new-pinnacle-1-500-an-hour-1454960708

8 https://www.kirkland.com/sitecontent.cfm?contentID=230&itemId=13055

9 https://www.reuters.com/article/us-usa-lawyers-breakingviews/breakingviews-holding-1745-an-hour-lawyers-due-for-disruption-idUSKCN1IQ2GN

10 https://www.nikkei.com/article/DGXMZO24510650R11C17A2000000/

11 http://www.tfa.co.jp/docs/2017_jpy_ma_league_table.pdf

12 https://www.legalbusinessonline.com/awards/japan-law-awards-2018?qt-conference_quicktab=6#qt-conference_quicktab

第4章

リーガル・サービスにおける組織アイデンティフィケーション構造の探索的調査

1. 調査の概要

(1) 調査の背景

プロフェッショナルは、所属する組織と職業の両方にアイデンティフィケーションを持っており、顧客はその影響を受けているという点について、リーガル・サービスにおけるアイデンティフィケーションの構造を探る。分析の枠組みとなる理論的背景は、以下の通りである。

人はさまざまな対象に同一化する。組織行動における組織アイデンティフィケーション研究では、従業員は、会社だけでなくブランド、チーム、店舗、職業などに対するアイデンティフィケーションを持つ（Johnson et al., 2006)。そして、プロフェッショナルの場合は、所属する組織と職業の両方へのアイデンティフィケーションを持つ（Russo, 1998；Bamber and Iyer, 2002；Hekman et al., 2009a)。プロフェッショナルは、そのトレーニング段階で職業アイデンティティを深く意識していて、特定の組織に入るより前に職業アイデンティフィケーションが早期に強く形成される（Russo, 1998；Bamber and Iyer, 2002）といわれている。また、職業アイデンティフィケーションが強いと、離職意図を上げる可能性があるとされており（Scott et al., 1999)、組織としてはリスク要因となることが指摘されている。

一方、マーケティングにおける組織アイデンティフィケーション研究では、顧客は、会社（球団）とプロフェッショナル（選手）の両方に同一化することが指摘されている（Wu et al., 2012）。つまり、組織内にいるプロフェッショナルには会社アイデンティフィケーションと職業アイデンティフィケーションがあり、顧客側にも会社アイデンティフィケーションとプロフェッショナルである従業員へのアイデンティフィケーションがあると考えられる。プロフェッショナルが病院や法律事務所といった組織に所属している場合、Homburg らの唱える VPC（Homburg et al., 2009）に従えば、会社アイデンティフィケーションの連鎖が起こることに加え、職業アイデンティフィケーションの高い従業員に顧客が同一化し、従業員へのロイヤルティが生まれるという職業アイデンティフィケーションの連鎖が存在すると想定できるが、後者の連鎖についての実証研究はない。従業員の会社アイデンティフィケーションと職業アイデンティフィケーションは条件によってはライバル・グループとなる場合がある（Hekman et al., 2009a）、会社アイデンティフィケーションと職業アイデンティフィケーションとの間にコンフリクトが起こる場合がある（Bamber and Iyer, 2002）等の研究結果がある一方で、高い相関があることも指摘されており（Russo, 1998；Bartels et al., 2010）、これらの関係もまだ研究途上の段階である。なお、顧客の従業員へのアイデンティフィケーションに関する研究はほとんどなく、顧客の従業員へのアイデンティフィケーションが顧客の会社アイデンティフィケーションに正に影響するという Wu et al.（2012）の指摘があるにとどまる。

顧客ロイヤルティについては、顧客は従業員へのロイヤルティと会社へのロイヤルティの両方を持つこと（Wong and Sohal, 2003）、BtoB の製造業で、顧客の従業員へのロイヤルティは顧客の会社へのロイヤルティに正の影響があること（Palmatier et al., 2007）、銀行において、顧客の個人営業担当者へのロイヤルティと顧客の銀行へのロイヤルティは相関すること（Strandberg et al., 2015）が指摘されている。銀行においての調査はプロフェッショナルとしての意味合いが強く、転職する際顧客を連れて離反することがある（Coff, 1997；Walsh and Gordon, 2010；Strandberg et al., 2015）ため、銀行にとっての損失となるという問題提起がされている。しかし、組織アイデンティフィケーション研究においては、この二つのロイヤルティは区別されていないが、ここでも顧客の従業員へのロイヤルティと会社へのロイヤルティを区別して考えることには合理性があると考える。

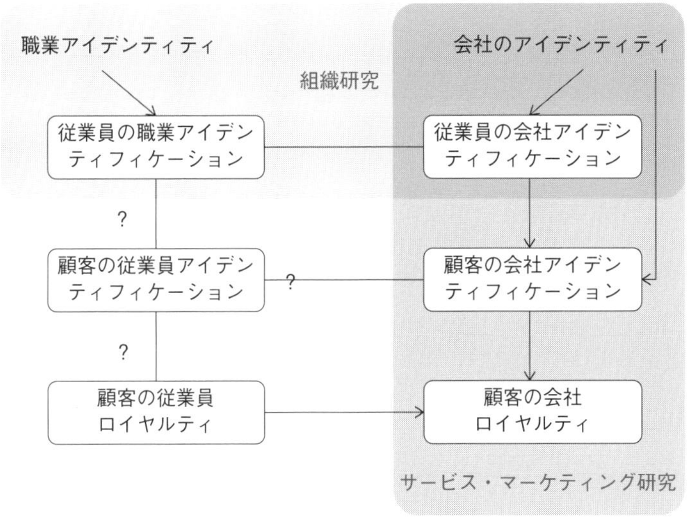

図 4.1　先行研究の範囲

出所：筆者作成。

以上から、従業員がプロフェッショナルである場合のアイデンティフィケーション構造をまとめた（**図 4.1**）。上部の、職業アイデンティティと会社アイデンティティによって従業員の職業アイデンティフィケーションと従業員の会社アイデンティフィケーションが育つ、つまり従業員は二つのアイデンティフィケーションを持つという点は、組織行動の分野で研究が進められている。右部の、会社アイデンティティによって従業員は会社アイデンティフィケーションを持ち、顧客の会社アイデンティフィケーションに影響し、会社へのロイヤルティに影響を与えるという会社アイデンティフィケーションの連鎖については、サービス・マーケティングの分野で研究が行われている。解明が進んでいないのは、左下部であり、サービス・マーケティングの研究者が担うべき部分であるが、プロフェッショナルが直接のサービス提供者となるような場合に、従業員の職業アイデンティフィケーションがどのように顧客に影響しているのか、これまでの研究では不十分である。そこで、顧客のプロフェッショナルへのアイデンティフィケーションが何に影響を受けて、何に影響を与えているのか、プロフェッショナルの職業や会社へのアイデンティフィケーションと、顧客のプロフェッショナルや会社へのアイデンティフィケーションがそれぞれどのように関係しているのか、という点について調査を行う。

(2) 調査の方法と対象

リサーチ・クエスチョンは、「プロフェッショナル・サービスのVPCは、プロフェッショナルの職業アイデンティフィケーションの影響を受け、どのような構造になっているのか」であり、その背景と構造を理解するために、リーガル・サービスを選択し調査を行った。定性調査で対象としたのは、企業法務を扱う弁護士および仕事で弁護士を利用したことのある社会人（会社役員または従業員）である。「企業法務を扱う」、「仕事で利用した」という条件を付けたのは、プロフェッショナル・ビジネス・サービス（つまり、BtoB）の顧客には継続的・断続的に案件が発生するためで、ロイヤルティの測定に適していると考えた。リーガル・サービスの場合、BtoCの債務整理、離婚調停、交通事故、相続トラブルなどではサービスの再購買はまれである。

対象者には、学術調査主旨説明書（Appendix 3）を送付し、主旨に同意いただいた弁護士と依頼者各7名（**表4.1**）に、2016年6月から9月にかけて1対1の半構造化インタビューを行った。取材した弁護士と依頼者に依頼関係はない。便宜上、100名以上の弁護士が所属する事務所を大規模事務所、4名以上100名未満を中規模事務所、3名以下を個人事務所として記述する。弁護士の対象者7名中女性は1名（14%）で、2017年3月現在の弁護士の女性比率が18%（弁護士白書2017年版）であることから、男女比に問題はない。顧客は男性からしか聞くことができなかったが、課長職以上に占める女性の割合は8.6%（東京都 平成29年男女雇用平等参画状況調査[1]）にとどまり、大学の法学部も男性比率が高いことから、顧客の大多数は男性であると考えられ、この点も問題ないと思われる。

弁護士は、東京の弁護士会に所属する20代から40代の弁護士7名で、インタビューの平均時間は67分である。事前に調査内容を伝え、話しやすい環境でインタビューに応じてもらえるよう、弁護士の要望に従いインタビュー場所を設定した。7名のうち、個人事務所経営者が2名、中・大規模事務所のパートナーが2名、アソシエイトが3名であった。事務所アイデンティフィケーショ

表 4.1　インタビュー対象者

弁護士	
弁護士 A	中規模事務所のパートナー。40 代男性。
弁護士 B	外資系事務所のパートナー。世界規模では大規模、東京オフィスは中規模にあたる。40 代男性。
弁護士 C	中規模事務所アソシエイト。20 代男性。
弁護士 D	大規模事務所アソシエイト。30 代男性。
弁護士 E	中規模事務所アソシエイト。30 代女性。
弁護士 F	小規模事務所アソシエイト。30 代男性。
弁護士 G	個人事務所。40 代男性。
顧客	
顧客 A	営業。30 代男性。
顧客 B	事業開発。30 代男性。
顧客 C	役員経験者。60 代男性。
顧客 D	役員。40 代男性。
顧客 E	法務。30 代男性。
顧客 F	営業。40 代男性。
顧客 G	営業、役員経験者。40 代男性。

ンと職業アイデンティフィケーションを測定した（Mael and Ashforth 1992 の尺度を利用）後、どのようなアイデンティティを持っているのか、顧客との関係においてどのような点を意識しているか、あるいは意識していないか質問をした。

依頼者側は、弁護士を仕事で利用したことのある東京近辺の 30 代から 60 代の会社員／会社役員の 7 名で、インタビューの平均時間は 72 分。新規依頼や継続依頼で重視されるポイント、信頼につながったエピソード、弁護士への意識と事務所への意識の違いについて尋ねた。

半構造化インタビューを行うための質問リスト（Appendix 4）を、弁護士と顧客それぞれに準備した。その質問リストを手控えとしつつ、弁護士に対しては、職業について、業務について、事務所について聞き、弁護士という仕事をする中で何を大事にしているか、どうすれば顧客を獲得／維持することができると思っているかについて掘り下げた。顧客に対しては、複数の印象に残って

表 4.2　SCAT のフォーム

番号	発話者	テクスト	＜１＞テクスト中の注目すべき語句	＜２＞テクスト中の語句の言いかえ	＜３＞左を説明するようなテクスト外の概念	＜４＞テーマ・構成概念	＜５＞疑問・課題
1							
2							
3							
4							
5							
6							
7							
番号	発話者	テクスト	＜１＞テクスト中の注目すべき語句	＜２＞テクスト中の語句の言いかえ	＜３＞＜２＞を説明するようなテクスト外の概念	＜４＞テーマ・構成概念	＜５＞疑問・課題
ストーリーライン（現時点で言えること）							
理論記述							
さらに追及すべき点・課題							

出所：大谷（2007）。

いる弁護士とその事務所について聞き、その弁護士や事務所の特徴や印象に残っている理由、どんなところ／時に魅力を感じるのか、どちらにロイヤルティを持つのかについて掘り下げた。

定性調査のデータ分析方法は、SCAT（Steps for Coding and Theorization）（大谷, 2007）を採用した。言語データを文字に起こし、データの中の注目すべき語句、それを言い換える語句を割り当てていき、そこから浮き上がる構成概念を考案して、ストーリーラインと理論を考えるというものである。言語データを加工するために用意されているスプレッドシートのフォームが**表 4.2** である。

この SCAT は、教育社会学、教育情報学、養護教育、幼児教育、医学、歯学、歯科衛生学、医学教育、歯学教育、社会医学、看護学、薬学、薬学教育、第二言語教育、日本語教育、キャリア研究、法学教育、経営学、スポーツ科学、ソフトウェア工学などの調査で活用されており、学会誌の原著論文だけでなく、2018年10月５日時点で、博士論文では26本、修士論文では36本に採用されている（SCAT：Steps for Coding and Theorization（質的データの分析手法)[2]）。

⑶　調査のプロセス

SCATの分析例（大谷, 2007）に従い、まず弁護士と顧客の言語データをそれぞれセグメント化する作業を行った。全弁護士のデータは186のテクストに、全顧客のデータは179のテクストに分割し、それぞれエクセルのワークシートを作成した。番号と発話者の列は一体化し、弁護士Ａのテクストは A1、A2、A3…、弁護士Ｂのテクストを B1、B2、B3…とナンバリングした。次に、＜分類＞という項目を独自に追加、何について語っているかを判断し、弁護士データについては、事務所、顧客、職業、その他（弁護士会など）の四つに分類、顧客データについては、弁護士、事務所、その他（海外の弁護士、社内弁護士など）の三つに分類した。この追加項目は、インタビューの内容に鑑み、テクストの内容を容易に判別できるように追加したものである。

次に、テクストの中でその発言の趣旨を特徴的に表すような注目すべき語句を＜１＞キーワードに入力した。＜２＞言い換えでは、＜１＞の個別事象を一般的な概念に置き換えて記述を行った。そして、＜３＞外概念には、＜２＞で記述した概念の背景、特性、原因、結果、影響などを検討した上で、それを説明するような用語を記入した。最初に項目を追加した＜分類＞でフィルターをかけながら、例えば、顧客に関することを述べている弁護士のテクストの中で、全体や前後の文脈を考慮しつつ全データを確認していくと、＜３＞外概念に、顧客関係や顧客の期待、顧客獲得、顧客満足度などが記載されたデータがあることが分かる。ここから、弁護士と顧客との関係がテーマになっていることが浮かび上がるため、＜４＞テーマに記載した。以上のように、＜分類＞＜１＞＜２＞＜３＞＜４＞の順にコーディングを行った。一度＜４＞までのコーディングが終了した後も、関連するテクストが漏れていないか、分類は正しいかを確認するために、繰り返し＜２＞＜３＞の内容を確認しながら、修正を行った。

＜４＞では、会社アイデンティフィケーションの連鎖に関する、弁護士の事務所へのアイデンティフィケーション、事務所と顧客との関係、顧客の事務所へのアイデンティフィケーション、顧客の事務所へのロイヤルティの四つに、そして、職業アイデンティフィケーションの連鎖に関する、弁護士の職業へのアイデンティフィケーション、弁護士と顧客との関係、顧客の弁護士へのアイデンティフィケーション、顧客の弁護士へのロイヤルティの四つに分類をし、それぞれに分類されたデータから、ストーリーラインを作成した。次節では、その順に調査結果を展開する。その分析の例として、弁護士と顧客との関係がテーマであると判断したテクストのみに集約したリストを、Appendix 5 に添付する。

2. 調査結果

(1) 会社アイデンティフィケーションの連鎖

①弁護士の事務所へのアイデンティフィケーション

中・大規模の弁護士は、各事務所の文化や風土などのアイデンティティに共感しており、高い事務所アイデンティフィケーションを持っている。参考までに、インタビュー開始時に取得した事務所と職業へのアイデンティフィケーションの平均値（10 点法）は、事務所アイデンティフィケーションが 7.06、職業アイデンティフィケーションが 3.08 で、全員事務所アイデンティフィケーションの方が高かった。この点は Johnson et al.（2006）や Russo（1998）の見解と異なるが、職業による違いである可能性もあるため、この点はさらなる調査が必要とされる。

先行研究では、第 2 章第 4 節(2)で述べた通り、組織のプレステージ、自己との類似性、外部組織との弁別性、組織の特徴や風土、自己との類似性、CSR、組織からのサポートなどが形成要因として挙げられている。コメントからは、事務所と自分の方向性が一致している、制約を感じずにやりたい仕事ができる、事務所からのサポートがある、自分を理解してもらっているという認知、このような要因が、事務所との同一化に影響を与えていると考えられる。

事務所と自分の方向性は同じだと感じています。クライアントへの姿勢だったり、マネジメントの方向性だったり。スタッフ含め、この事務所で働いていることに対するプライドや満足感を持っています。（取り扱い分野は）特殊な分野ではあるが、グループへの帰属意識はあると思う。だいたい25人くらいいて、（その中で）数人のチームとして動くので、意識が同じでないといい仕事ができないです。（弁護士D）

独立志向というか、自分の名前の事務所を持ちたいというのはないので、こちらにいさせてもらって、ある程度のところで、自由に仕事をさせてもらえるのであれば、いてもいいっていうのは失礼ですけど、ずっとでもいいかなと思っています。このままこの事務所のパートナーになっていくラインもあり。いつ来てもいいし、制約も感じていない。やりたい仕事ができるので、自分の事務所を持つ必要性もないですね。（弁護士C）

グループの中では、マーケティング活動などを任されることもあって、サポートしてもらっている感もあります。執筆なども声をかけてもらうことも。制限されていると感じたことはないです。（弁護士D）

うちは世界が大きいですから、例えばロンドンの事務所にいる連中も仲間っていう感覚はありますよね。常にどこからお声がかかってもいい状態でいることを意識していますけど、不満がない事務所ってないし、100％ってないと思うんですけど、気に入っていますね。自分のことはかなり理解してもらっていると思う。これはいい驚きで。多くの（グローバルファームの日本事務所の）場合、悪い言い方をすると植民地というか、どうでもいいというか、ま、とりあえずそこにいてくれればいいよ、みたいなノリかと思ったんですけど、全然そんなことなくて、もちろん100％の理解なんてありえないんですけど、ほんとに随所に日本の特殊性とか、アジアの特殊性とかを意識してくれている制度とかもあるし、頻繁にアジアとうちのマネジメントとかを集めてイベントとか会食とかをしているし。理解をしようとしてもらっているという気持ちはすごい感じますよね。（弁護士B）

グローバルな法律事務所では、東京の事務所とヘッドクォーターという、二つのアイデンティフィケーションという問題が出てくるが、弁護士Bの場合は、どちらにも同一化していることがうかがえた。弁護士Aは、かつて在籍していた事務所について、下記のように述べている。

（かつていた大規模事務所は）仲間意識というよりは、んー、なんだろう、いい言葉が見つからないけど、一つの文化を作ろうとしている人達、その文化に喜んで参加する人達、新しい文化を作ろうとする人のせめぎあいがあったように思います。言葉悪くいうと、自家中毒みたいなところがないわけではなく、裏を返すと他の文化を排斥する、若干外の文化を見下すところもなくはない。それが彼らの原動力にもなりブランドにもつながっているので、僕自身は少し距離を置きながら、ただ、みんなで何かを作ろうという大きな文化は本当に好きだった。(弁護士 A)

新しい文化を作ろうとする集団の同一化を、少し距離を置きながら見ていた、ということは、自分が魅力を感じる組織風土であるかを判断する視点があるということである。もし、組織風土に魅力を感じていれば、それが弁護士 B のような感覚を持ち、同一化につながる。

風通しがいいって、みんな言いまくるんですけど (笑)。若いですよね、まず。日本人では僕で上から3番目、全体として新しいし、それは全体の空気にも伝わっているので、なんかこう、みんなベンチャー企業の一員みたいな感覚というか。(弁護士 B)

さらに、他の事務所との差別化要因への共感も要因となっている。差別化のポイントは事務所によって異なるが、弁護士 B の場合は、新しくて活気のある風土が、組織の運営に根付いていて、他の事務所と違う文化を生んでいることが差別化を生んでいる。自分の所属する事務所は、いい意味で他の事務所と違うという外部組織との弁別性がある上での共感は、同一化の要因となると考えられる。

(差別化のポイントは2点。) 一つはローカルはやらないこと。日本の弁護士がいても日本の仕事はしません。ここが差別化できているところですよね。二つ目は抽象的な言い方になっちゃうけど、新しいから従来にはない形で柔軟に対応できる。そうだな、一体感があるということから言えば、ローカルパートナー[3]がいないので、外資といってもいろんな外資がありますけど、日本を知っていれば知っているほど、僕から見るとグローバルファームではないと思わせる事務所もあったりするんですね。パートナーはほとんどローカルだし、フランチャイズっぽく見えるところもあって。逆にそうじゃなくて、グローバルと一体的でいようとすればするほど、日本の価値が増えなくて、日本の仕事としてはどうかな、っていう。うちはその間を取っていてですね。グローバルではあるけれども、日本。そこが現時点ではうちの差別化になっています。（弁護士B）

また、事務所への同一化を生む可能性のある要因として、事務所が自分を理解しているかという点のみならず、自分を理解してくれる上司や先輩弁護士がいるか、という点も挙げられる。自分を理解してくれる事務所であることが事務所への同一化の要因になるのと同様に、自分を理解してくれる弁護士に対して同一化する度合いが強ければ、その弁護士が事務所にいる限り、事務所への同一化へ正の影響があることが予測される。

（この事務所を）選んだ理由として一番大きかったのは、ボスの印象。印象がよかったです。５分くらい話すだけで、柔らかいというか、優しい人だなと思って、で、なんていうか、その割に言うこと言うことが１個１個しっくりくるという感じがして、できそうだな、優秀そうだなという感じがしました。（弁護士C）

（採用は）面接時の個々のパートナーのトークで誘っています。アソシエイトは、パートナーを見て入っていく。（弁護士A）

このように、事務所に入所する時点で、この人のようになりたい、という古典的アイデンティフィケーションが事務所アイデンティフィケーションに影響していることも考えられる。

以上より、弁護士が事務所に同一化するには、事務所と自分の方向性が同じ、仕事の自律の度合い、自分を理解してもらっているという認知、事務所からのサポート、組織風土の魅力、他の事務所との差別化要因への共感、所属する先輩弁護士への古典的アイデンティフィケーションが影響することが指摘できる。

インタビューした全員が高い事務所アイデンティフィケーションを持っていることがうかがえたが、それでも、半数以上に移籍、独立の経験がある。プロフェッショナルは、事務所の目指すものと自分のキャリアが相反する場合は、転職・独立を考え、実際にそれは頻繁に起こる。そのため、現在所属している事務所で移籍・独立を考えているのでない限り、事務所との同一化が高いと言えそうである。

②事務所と顧客との関係

次に、事務所は、顧客とどのような関係を持とうとしているのかを考察していく。多くの事務所では、ウェブサイトや事務所パンフレットを作っているが、それだけではなく、ウェブサイトやブログで新しい問題における法律の解説の特集ページを作ったり、本を事務所名で書いたり、セミナーを開催したりして、その分野の知識と実績があるという情報を顧客や潜在顧客に届けている。それでもなお、BtoB の場合の新規顧客獲得はとても難しい。

> 世の中の（大きな）会社で今弁護士を雇っていないところはまずないです。つまり顧客を獲得しようとすると、今やっている弁護士から変えてもらう、奪ってこないといけない。信頼してもらう努力が必要です。（弁護士 D）

顧客獲得には、顧客や知人からの紹介というのが一番重要視されており、その意味では顧客の口コミに効果があるとされているが、口コミに頼る以外、マーケティング・コミュニケーションにノウハウがないと危惧する声もあった。

> この先も顧客からの紹介に頼っていてよいのか、というのは不安がある。今顕在化はしていないが、今現在、営業のノウハウが皆無に近い。（弁護士 A）
>
> イベントはやってもいいんだけど、参加する人は、もう事務所を好きな人。そうでない人をどうやって巻き込んでいくかが課題。（弁護士 D）
>
> やっぱり、1 個でもきっかけがあって、実際に受任して、成果があったことをお客さん経由で広がっていく、前こういうときにこうしてくれたっていうのが伝わるのが一番効き目があることで、（事務所から）一般大衆に発信しても効果がないと思います。お客さんの口コミが効果がありますね。（弁護士 C）

口コミによる紹介がまだ重視されている一方、海外のローファームではよく行われている提案型、コンペ型の受任というのも最近は増え、「クライアントへのピッチ（提案資料）を作ったり、提案資料を作って、持って行ったりということをして」（弁護士D）いる。このような場合は、事務所のこれまでの実績の整理や、公開案件の関与につき顧客から許諾を得る作業を地道に行わなければならない。米国のトップローファームでは、こういった仕事はすでに弁護士の手を離れており、スタッフロイヤー（弁護士資格を持つが顧客対応はしない者）やマーケターがその業務を担っている。また、事務所として、顧客から信頼され、認められるために、CSRやプロボノに力を入れる事務所もある。

> 事務所のCSRやプロボノは相当力を入れている事務所の一つで、それは特に我々、新しい事務所なので、世の中にとって認められる存在であることに対する努力は人一倍する必要があると思うんですよね。マジックサークル（イギリスの大事務所）みたいな歴史のあるところはほっといてもやっていますけど、我々新しい事務所だから、我々がそこにいる意味があるということを（顧客に）分かって頂くためには、ちょっと汚い言い方ですけど、お金儲けだけしているようではダメなんですよね。なので、事務所全体としては、そういうCSRだとか、プロボノだとか積極的にやろうという意識は強くもっています。（弁護士B）

先行研究でも、CSRは、会社アイデンティフィケーションの形成要因の一つとなっている（Carmeli et al., 2007；Kim et al., 2010）が、請求できる時間にならないデータ整理やプロボノは、コストとしてとらえることもできる。

③顧客の事務所へのアイデンティフィケーション

先行研究からは、顧客の会社アイデンティフィケーションの先行要因として、プレステージ、組織の特徴や風土、自己との類似性、関係している期間と頻度、従業員の会社アイデンティフィケーションなどが挙げられている。これらにより、顧客の会社アイデンティフィケーションが高くなる（第２章第４節(3)参照）とされている。さまざまな要因と共に弁護士の事務所へのアイデンティフィケーションが高ければ、顧客の事務所へのアイデンティフィケーションも高くなるはずである。そこで次に顧客側へのインタビューから、事務所に対してどのような期待を持っているのか、事務所への同一化の要因となるような事務所の魅力は何か、を考察する。

プロフェッショナル・サービスにおいて、情報の非対称性がその特徴として挙げられることから、顧客は自分たちが持たない情報を得ることを有意義だと感じている。そのため、事務所からのさまざまな情報の伝達は、顧客との関係性の構築に一定の意味はあるようだ。

（ニュースレターやセミナーの）案内が来ると、あーうちのこと一応気にしてくれているんだなって、事務所との関係を考える上で、あるのとないのじゃ、やっぱりあったほうが関係がつながっている気がしますよね。結局、案件って、毎月毎月あるわけじゃないので、1年後かもしれないけど、気にしてくれているのね、っていうのはありがたいなと。ま、ただクライアントに手紙送っているだけですけどね。ないよりはあったほうがつながっている感じがある。（顧客B）

セミナーの案内は大手の事務所などから毎日のように来ます。特定の分野に詳しい弁護士の存在を知ることができるので、便利。何かあった時のために、つながっておく、という意味でセミナーに行くこともあるし。ただ、情報は社内に報告はするが、詳しいところまでは情報共有できていないのが現状で、（何かあれば）それぞれが持っている情報を持ち寄って検討する感じです。（顧客E）

ビジネス上の重要案件で、大規模事務所を使う傾向がある理由は、情報量、ネットワーク、平均的な能力の高さ、トップ同士のつながり、（特に夜中の）迅速性が挙げられる。トップ同士のつながりやグローバルの契約などで関係性が深く広い場合は、事務所を変更する場合のスイッチング・コストが高くなる。

（大規模事務所のメリットは）調査力。（何か）調べるときにはネットワークがあるので、海外の仕事をするときは便利ですよね。調査力は、事務所の持つ情報やデータベースもそうだし、また海外でいうと、海外の事例とかがすぐに引っ張ってこられる。確かに、大きい事務所にはいい人がいる確率が増えます。平均的な能力が高いんでしょう。口コミで見つからなければ、大手、準大手から探すでしょうね。大きな事務所でその年（50代）まで残っているというのは、能力があるという証明になっていると思う。かといって、他の事務所でそういう人がいないかというとそういうわけではなくて、50代くらいでちゃんとしたポジション、パートナークラスにいる人は同じようなアビリティがあると思います。（顧客A）

（海外での業務提携の案件の時、）Z事務所はホーチミンにパートナーがいた。それが一番の理由です。5年前はベトナムにでている事務所は少なかった。大型案件だったので、大手にお願いしようと。べらぼうに高かったけどね。全体の金額に比べるとってことで、決めたのだと思います。（顧客B）

大型の案件を頼むのは…ぼくらはフランスの企業のグループなので、W事務所がメイン。トップ同士の関係があるので、ここに見てもらったっていうとだまって安心してくれる。他の事務所に聞くと、ちょっとW事務所にも聞いて来いよって言われちゃう。…（略）…医者と一緒で、弁護士のネットワークがすごいじゃない、修習や大学の同期など、いろんな関係のネットワークがあって、あの案件だとあの事務所のあの先生が得だよなとか、良く知っていて、ピンポイントでその先生にお願いできるとかあるんですよ。大型案件だけは3大、うちはWによく頼む。トップ同士のつながり。代が変わると関係は変わるけど、大体はグローバル契約なので、そうそう変わらないです。（顧客C）

3大法律事務所に共通しているのは、僕が深夜2時にメール送って、明日までにとかすぐにっていうのは、すぐに対応してくれましたね（笑）。午前中弱いけど、夜は強いですよね（笑）。（顧客B）

一方で、大規模事務所へのネガティブなコメントは料金面で強く、必要以上のサービスや高級感は料金に反映されると捉えることから、敬遠されることがコメントから分かる。また、複数の弁護士が関わる作業を依頼する場合の効率の悪さの指摘もあった。

仕事には満足しているが、やはりちょっと高い。コスト面には不満がある。（顧客A）

（大規模事務所の弁護士は）きれいなオフィスで働いている人達。泥臭く働くという感じではない。たまに頭に来るのは、作業を依頼しても、泥臭さが感じない。一緒になって聞いてきてどうしましょうじゃなくて、こっちで作るので待っていてください、（と言われ、仕上がった文書を見て）なんだこれと文句いうと、すみません若手に作らせたのですぐ作り直します、みたいな。大手の事務所はみなさん、皇居が見える一等地で、ここは高いだろうなーと。すると3人4人でてきて、あーまた1時間30万か〜。本が置いてあって、あ、これ出たばっかりなので持っていって下さいってもらっても、これも請求に陰で入っているのかな、みたいな。（顧客C）

コストはあまり意識していないです。事前に見積もりはもらうので、驚くことはない。弁護士のコストの相場ってないじゃないですか。社内でも分からない。重要な案件、ビジネスに影響がある案件は高かったとしても依頼するし。高いからやめようという話にはならないです。ただし、自分たちの能力以上でないと頼まないです。大事務所は…高いんじゃないの？って社内から言われちゃう。（顧客 E）

基本、（大規模事務所の場合）事務所に行って、ミーティングをします。雰囲気はいい。景色もよく、クオリティを感じる。けど、外観がきれいだから価値が上がるとかは、あまり意味がなくて、必要以上にきれいである必要はないです。Y 事務所は必要以上かな。僕らがサービスを受ける側なのに、恐縮してしまうようなブランティングをしている。（顧客 A）

（大規模事務所の）20 代から 30 くらいまでの馬車馬弁護士はどのファームもみんな同じに見えるよね。基本的に自分の個を消して、クライアントに言われたこと、先輩の先生に言われたことを、ひたすらやって、調べて、書いて、書面作って。その先生って、お世話になった記憶はあるんだけど、個人としての印象は全くなくて。X 事務所の先生、W 事務所、Z 事務所の先生も同じですかね。細かいところは違うんでしょうけど、同じに見えます。お願いしたものに対して、帰ってくるスピードや働き方とかがあまりにも似ているので。クオリティはみんな高いし、みんな頭いいし、みんな容姿がカチッとしていて、だらしない人いないし、受け答えははっきりしているし。どこの弁護士だったのかは、印象に残らない。もちろんすごした時間があるので、会話すれば、あぁあの時はって思うんでしょうけど。記憶に残らない。（顧客 B）

作業の質が悪いと頭にきます。M&A とかの大きな仕事で資料を作らなければいけないとき、本来は何十人が関わらないといけないんだけど、会社内で confidentiality がハイレベルのものだと、一定の段階に行くまで、特定の人間しか知っちゃいけない案件もあって。そういう場合は、社内で関係者を増やすのはリスクが高いので、ワークロードは弁護士事務所に投げることになります。合併上必要な認可とか一旦こっちで洗い出したものを、過不足がないか、根拠法規があるか、前後関係はどうか資料作っていくというのを依頼することがあります。これが弁護士事務所によっては、スパスパってやってくれることもあれば、若手の弁護士に任せて、「何やっているんだ、俺が作ったほうが早いだろう」って、社内の弁護士が怒っていることがある。一般の顧客満足度とセミプロ（社内弁護士や法務部）が使うときの満足度は変わってきますよね。（顧客 C）

顧客は、大規模事務所の事務所同士に大きな差があるとは考えておらず、どの事務所も働き方や見た目に同じような印象を持っている。大事務所であることにメリットはあるものの、結局仕事は人に貼りついており、大型案件以外は積極的に事務所の名前で弁護士を決定する理由は見当たらない。大型案件で複数の弁護士が関与している場合でも、その案件を統括するパートナーに焦点があたっており、事務所に依頼しているという意識は持っていないようだ。コメントからは、複数の事務所との付き合いが示唆されている。事務所内にコンフリクトがあって依頼を断られることもあるため、顧客側はどの事務所を選択してもいいように事務所のアイデンティティの弁別に注意を払わないという背景もあるかもしれない。さらに中小の法律事務所では、事務所を魅力的だと思わせるようなアイデンティティに顕現性がないため、顧客はそれを認識できていない。弁護士は事務所の同一化を強く認識し、事務所アイデンティフィケーションを高く持っているにも関わらず、顧客とのコミュニケーションの中では事務所のアイデンティティを伝える機会を積極的に作っていないと思われる。アイデンティティに魅力と顕現性がなければ、アイデンティフィケーションは起こらない。

④顧客の事務所へのロイヤルティ

顧客の事務所へのロイヤルティは、弁護士との関係の長さによって累積される情報量（例えば、「過去の経緯」や「自分たちの癖」など）により高まることがわかった。

> ビルの見た目も一緒、受付やスタッフのクオリティも常に高くて、テーブルもキレイで、設備も一緒、お水もリーガルパッドも目に見えるところが全部一緒。金額もほとんど一緒。そうすると、違いはわからない。過去にどんな案件をやっていたか、というところから（判断する）じゃないかと思いますね。（顧客Ｂ）
>
> １回仕事をしてみないと、能力なんてわからないから、スイッチング・コストは高いですよ。新しい先生には大きなディールは依頼できないです。長くお付き合いすることで、弁護士側が、自分たちの癖や事業のことを分かってくれる。結局産業とかモノとかによって、対応が変わってきますので、その事業のバックグラウンドを知っているというのは、大きな差別化になります。（顧客Ａ）

顧客に事務所アイデンティフィケーションを持たせることが難しいため、そこからではなく、別の方向からロイヤルティを高める施策を取ることが、事務所の継続運営に欠かせない。関係性を持続的に構築するために、米国ではマーケティングの手法としてクロス･セリングの重要性が早くから指摘されていて、現在でも弁護士が案件獲得のために行う活動のトップ 10 に入る（2018 Joint LMA-Bloomberg Law Survey[4]）。クロス・セリング[5]とは、顧客から別の分野や関連する分野の案件を継続して受注するための活動であり、クロス・セリングが成功することで同じ顧客（のさまざまな部署）から事務所（の専門が異なる複数の弁護士）が継続的に仕事を受任することができ、関係性が続くことになる。これにより顧客と事務所との間で共有される情報量が増え、顧客は安心と信頼を感じるようになるため、事務所へのロイヤルティを上げる有効な手段となっている。

いずれにしても、顧客の事務所へのアイデンティフィケーションは、信頼のおける弁護士がいることが条件となる。

(2) 職業アイデンティフィケーションの連鎖

①弁護士の職業アイデンティフィケーション

弁護士は、その職業を目指した、あるいは選択した経緯が明確にある。小さい頃から成績はよく、医者か弁護士かという漠然とした目標設定を持つという人もいる。自立心も高く、会社組織の中で駒となって働くことに抵抗を感じ、自分の力で将来を切り開いていけるプロフェッショナルを目指す。弁護士になることは、社会から頼られる承認欲求を充たす場であると同時に、自らの高い能力を発揮して問題を解決する自己実現欲求を充たせる場となっている。インタビューをした弁護士 7 人ともが、職業アイデンティフィケーションより事務所アイデンティフィケーションの方が高かったものの、弁護士として活動する意義をそれぞれが持っており、言葉からは高い職業アイデンティフィケーションを持っていることがうかがえる。

（不動産鑑定士の資格も持っていて、その仕事を）やって思ったのが、やっぱり弁護士って社会的に素晴らしい仕事だな、と。鑑定士というのは、すごく専門性は高いけれども、僕がやりたかったことと違う。社会の中のある一面で役に立っているんだけど、それはどの仕事にも共通することで、何かを変えていくっていう仕事ではないな、弁護士の魅力には勝てないな、と思った。弁護士には何かを変えていく力があると思っています。(弁護士 F)

少年事件をこれからやっていきたいと思っている。少年事件は非常に複雑で難しいところがあると思うんですけど、子どもが犯罪に手を染めてしまうのは家庭環境や周りの環境がすごく影響しているので、そういった非行少年を更生させていくことをやりたいな、と思っているんですけど。現状は全然手が開けられないですが、いずれはそういった活動をしていきたいと思っています。弁護士だからできること。使命感とまではいかないですけど…なったからには、なったからこそできることがあると思うので、できる範囲で、何か自分にできることがあればやりたいなと思います。(弁護士 E)

法律分野においていろんなことをやる一方、お金に換算できないものを守っていくべきだと思っています。今のご時世でいうと憲法が変わろうとしている（憲法改正に対して反対の立場）ことについて、仕事にならなくても、弁護士としてやらなければいけないと思っています。(弁護士 G)

そのような弁護士でないとできない社会正義の実現については、功利的なビジネス案件を行うことでバランスを取りながら継続して続けていく姿勢を持っている。

大学生の時に障害児と健常者のキャンプでボランティアをしていて、今もその時の団体に今でも関わっています。協会の無料相談を受けていて、一番多いのは障害児を持ったお母さんの離婚相談。子供からの相談もあって、15 歳から 16 歳くらい、小さい頃に親に捨てられて、自分は勉強がしたい。施設で奨学金をもらいながら、勉強がしたいという…法律相談というよりは、身近にいる大人として相談に乗るというのもありましたね。強いモチベーションがあるわけではないのですが、まったく関わりがなくなると、自分自身でなくなるようで、何かしてあげたいという気持ちがあります。…（略）…実際の仕事は、経済的（営利的）な仕事が多いです。経済的にきちんとしていないと、社会的な仕事もできないというバランスを常に見極めながらやっている。使命とまでは受け止めていないけど。やりたい人がやればいいんじゃないか、というイメージ。自分自身はやりたい、と思った原動力があり、それがゼロは自分自身あまりよしとしない。けど、それではペイしない。社会運動で食べていこうとするとどっかで無理が生じる、そこで経済的にペイしようとすると、自分のやりたいことと変わってしまうわけです。僕としては本末転倒。自分の仕事の中でバランスを取りたい。（弁護士 A）

上記のような公共の社会正義に関する倫理観だけでなく、もちろんビジネス案件でも、弁護士の存在意義を十分に理解し、仕事に誇りを持っていることがうかがえる。

弁護士の社会的信用というのは、一時期に比べたらどうかわからないですけど、幸いにして日本ではまだそれなりにあって、私のような若造であっても、各業界で経験を積まれてきた方が一応耳を傾けてくれる。私の考える推論が1ミリであったとしても大きな会社だとか大きなプロジェクトに影響を与えて、自分の考える正しい道に行ってくれているんじゃないかな、と思える瞬間が弁護士冥利につきる瞬間。（弁護士 B）

（弁護士でよかったと思うのは）クライアントから一番信頼されていることですかね。うまく話せないけど、（顧客は）中小企業の経営者が多いのですが、その中には有名な方からそうでない方までたくさんいるのだけど、その人とその配偶者しか知らないことを自分だけには話してくれる。誰よりも先に相談してくれる、信頼してくれている、それに応えなければならない、そのサイクルがとても良いのです。（弁護士 A）

弁護士は紛争を解決していく…人なり会社なり、揉め事・争い事を解決して一つ一つクリアにして新しいことをやっていく土台を作る、そういうイメージを持っています。扱う案件にもよりますが、それなりに社会的なインパクトはあると思う。社会全体に対するインパクトというよりは、私としてはもうちょっと小さい単位で、個人なら個人の生活、また会社なら会社の在り方みたいのにインパクトを与えるっていうイメージで、社会全体をどうしよう、っていうところはあまり思っていないですが。（弁護士 E）

これらのことから、弁護士としての職業アイデンティフィケーションを少なからず持っていることがわかる。

②弁護士と顧客との関係

ではこの職業アイデンティフィケーションは顧客にどのように伝えられているのだろうか。

独立したころはクライアントの考えていることを知りたくて、たくさん飲みにいっていました。最近は先方が希望すれば飲みにいったりもします。飲食業界は自分のお店に連れていきたがるので、喜んでお邪魔する。ヒトによっては距離を縮めたいと思っている人もいるので。飲みにいくと、個人的な話もします。彼らもバックグラウンドを知りたいと思っていると思うので、聞かれたら答えるようにしています。先方も聞くからには、きっとどんな人なのか知りたい確認したいと思っているように思います。個別にお付き合いがある・ないで、クライアントの関係が長く続いているかは関係ないかな。仕事を依頼する前に３回も飲みにいったのに、それっきり１回で終わってしまったクライアントもいるし。（弁護士 A）

オフィシャルな打ち上げや、若い担当者同士で（飲みに行く）、ということもしばしばあります。オフィシャルな席では、あまり砕けた話はしづらいけど、プライベートの話も流れでする場合もありますね。終わってからの打ち上げで、話をすると、ダウンタウンとか見るんですか〜へぇ〜 AKB とかの話するんですね〜へぇ〜といった反応があったりする。弁護士はどこか異質なもので、生活が見えないのかもしれない。親しみを持ってくれて、確かに距離は縮まる気はするけれど、その後仕事がしやすくなるかどうかはケースバイケースですかね。ただ、弁護士は情に流されてはいけないので、親しくなったからといって仕事内容が変わるわけではないです。（弁護士 D）

このように、顧客の期待を汲んで、コミュニケーションを時間外に取ることも気軽に行う弁護士もいれば、毅然とした姿勢やプロセスにおける共創を重視することによって、職業に対する意識を顧客に示そうという弁護士もいる。

この人には最後までいてほしいという存在でいたいと思うんですよね。最後、右に行くか左にいくか悩んでいるときに、この弁護士が右だなっていうなら信じて右に行きたいみたいっていうそういう存在でいたい。…（略）…嫌味な言い方になるかもしれないですが、小細工は効かないように思いますね。生意気なんですけど、生き方全体というか、それまでの経験だとか、総合的なことをみられている気がして、なんとか講座とか、お客さんはやっぱり話の中身じゃなくて、全体の自信だとか雰囲気だとか、そういうのを瞬時にかぎとるので、あまり僕は意識しないことを意識していますね。ありのままというか。(弁護士B)

知的な興奮があるクライアントは楽しいですね。一つのことを解決しようとするとき、双方向で議論ができると楽しい。一方通行でないと思っています。期待されるのは嬉しいんだけど、わからないから全部宜しく、っていうのは喜びや一緒に戦っている感がない。先生に責任を負ってくれって言っているわけじゃないというのだけど、そうじゃなくて、クライアントが主人公になってほしいんです。法務のリスクは一部で、法務リスクを100%ヘッジしたところで、他のリスクはヘッジできない。部分適合じゃなくて、全体適合のアドバイスがしたいので、できれば意見交換をしながらやりたいです。(弁護士A)

テレビやラジオ、電車などで広告を出すのは債務整理などのBtoCが多いが、BtoBではマス広告による認知より、やはり顧客の継続依頼、口コミによる新規顧客獲得というのが案件を受任し続ける源泉となっている。そのため、いずれの弁護士も既存顧客からの信頼を大事にしていることがうかがえる。

(依頼は)100%お客さんからの紹介です。独立して5年目くらいに、クライアントをリストアップして、樹形図を作ったら、元になっているのは2人だった。たったの2人。講演もしないし、本も書いていない、全部紹介できているんですね。でもO先生やP先生にいったら、ぼくらもそんなもんだよ、と。付き合いはもう15年以上になりますね。今も仕事をしているけど、彼らのフィーは(当時から)全く上げていないです。一生上げるもんかと(笑)。それだけの価値のあるお客さんですね。(弁護士A)

まずは、途中の事務的なところ、ミスなく完璧であること。その手際の良さだったり正確さだったり。もちろん結果がよかったら次は来てくれるかと。後は…時間をかけるっていうことですかね。(顧客は)悩んでらっしゃるので、脱線しても電話で40分とか付き合ったりとかして、そうすると、そんなにすごい結果を出したというのでなくても、あの人にもう一回頼もうか、みたいになるんです。親身になるということかな。(弁護士C)

(企業への)出向経験があるので、クライアントの気持ち、立場もわかります。直接的に聞いてこないこともあるし、担当者と上司の考えていることが違うということもある。聞かれたことにYes／Noだけで答えていてはダメで、相手

> の心やメールの行間を読むことをしなければならないと思っています。会社的な視点に応えては、メールで正式な回答をし、担当者レベルの心配には、口頭で少し補足するなど、適宜柔軟な対応をしていますね。しゃべり方は、難しい言葉は使わず、早口もダメ。質問は最後まで聞いてから答える。身なりも一応気を付けています。レスポンスは早くすることを心がけていて、遅くなる場合も一報入れてその旨を伝えるようにしています。質問が来て、答えて、ありがとう、となった後、連絡が来なくなることもあるが、そういう時も、先日はどうでしたか、大丈夫でしたか、とフォローアップの連絡を入れるように心がけています。（弁護士D）
>
> やっぱりちゃんと話を聞く、適当な答えは絶対に出さない、真摯に対応するということしか、自分としては考えられないです。それがあるからこそ、信頼関係が築けて、次につながる、その人から正式に依頼をしてもらえるのかな。（弁護士E）
>
> 人って相手の立場に立ってみたら、そろそろ「何してるの？」って思う時期が来るじゃないですか。だから、そろそろ思うだろうな、と思ったら、「まだ相手から連絡ありません」とか「引き続きまとうと思います」という連絡をすると、「連絡くださってありがとうございます」って話になるし。以前、クレームが入ったことがあったんですよ。「連絡一つくらいくれてもいいじゃないですか。すごく信頼していたのに」と…。あ〜それだけで人の信頼って無くなるんだなと思って、自分はそこまでがんばっていたから、ショックも大きくて。そこからちゃんと連絡しようと思うようになりましたね。（弁護士F）

インタビューをした弁護士は皆、既存顧客を大事にしていることがうかがえた。しかし、顧客側からは、「質が低い。シャープじゃない。レスポンスが遅かったり、話聞いてなかったり」（顧客E）という顧客志向の低い弁護士もいれば、「だいたい顧問弁護士だが、お偉い先生、権威主義的な弁護士さんがまだまだいらっしゃる…（略）…プロ意識が偏っている人も。（顧客の希望を無視して）社会正義を振りかざして…（略）…大きな問題だから訴訟にして社会に訴えるんだ、みたいな」（顧客C）という自分本位な弁護士もいるようである。

③顧客の弁護士へのアイデンティフィケーション

次に、このような弁護士の姿勢に触れることになる顧客側が、提供されるサービスをどのように認知しているかを見ていく。先行研究では、Wu et al. (2012) により、自己との類似性、従業員の成功の追体験、従業員との関係性の質などが、顧客の従業員（この場合はプレーヤー）へのアイデンティフィケーションの先行要因になっていることが指摘されている。リーガル・サービスの場合は、より直接プロフェッショナルと顧客が関係を持つ顧客に寄り添う姿勢、顧客を理解しようとする姿勢を持つ弁護士の評価が高くなっていることがわかる。

（顧問弁護士は）お客さんに寄り添って仕事をしてもらっているという感覚はある。弁護士って、お高くとまっているかと思っていたけど、サービス業なので、基本はぼくらの言う通り、たとえそれが理不尽であっても、対応してくれる感じです。（顧客 A）

X 事務所の Q 弁護士、すごく印象に残っていますね。全体像を事前に何回もミーティングして把握した上で、交渉の場で闘うわけですよね、我々を代理して。僕らが何を望んでいるか分かっているから、机をドーンってたたいてみたり、語尾をわざと荒げてみたり、テクニックを含めて修羅場を何度も経験されているな、みたいな。印象としてプロのオーラがありましたね。契約書の細かいところとかは若い弁護士が寝ないでやっているので、Q 先生は方針を示したり、交渉の場で芝居をうったり。M&A は交渉事じゃないですか。この金額でどこまで押しつけるか、そういう話なので…（略）…その場に先生がいてくれて非常に助かったなーと思いますね。弁護士オーラはみんなに感じるわけでないので、珍しいなと。ランキングでも上の方にいた弁護士ですから、普通の弁護士とはちょっと別格なのかもしれないですね。（顧客 B）

満足度が高い弁護士は、気づきを与えてくれる弁護士。我々どうしても、一面からしか見ていかないので。業法上の考え方はこうかもしれないけど、会社法上ではこうだし、景表法上の観点からはこうだし、っていうように、我々が見ている点だけではなく、違う視点から意見を言ってもらえる先生はありがたくて、そういう先生方を使っているという感覚です。他社事例をよく持っているというのもよい。他社の似た事例のときはひっかかったとか、指摘してくれることが結構ある。そういう気づきを与えてくれることが、自分たちもノウハウはあるのだが、あ、それは気が付かなかったね、とか。何回か、それで救われたことがある。（顧客 C）

私たちが望んでいることは何なのかを察知して、理解しようとしてくれる、汲んでくれる。こちらが 1 言ったら 10 を分かってくれる。何を言わんとしているのか、その意図を分かってくれる。そういうのがいい先生ですね。顧問でもないのに親身になってくれて、急いでいるときに隙間時間にアポを入れてくれたりする。プロとしてしっかりやるという姿勢、金を追い求めていない姿勢は、自分たちの事業にも共通する。売り上げのいい従業員だけを残したり、優遇したりすることは自分たちもしない。自分たちの価値観と同じかどうかが重要。（顧客D）

打ち合わせしていて、会社のビジネスの実態を聞いてくる人は、顧客視点があると思います。質問がないと不安にもなるし、興味を持ってくれていないと感じます。新規ビジネスの話をしていても、現状のビジネスがあった上の話だから。（顧客E）

顧客を理解しようとする態度があることが評価される一方、評価が低くなるのは、法律の知識しかなくビジネスセンスのない人や、自分と価値観の合わない人のようだ。

戦略的に相手の出方を読める。来た球を打ち返すのではなく、その次の球も予想してくれるので三手先くらいのところまでの議論ができるというところが大きいです。逆に、代案が一つか二つしかなくて、読みの先の手が少ない、二手三手先がでてこないとたいしたことないな、と思います。半分はキャリアで、半分は能力ですね。この能力は司法試験の勉強でつく能力ではなくて。キャリアと能力は掛け算で、能力が高い人がキャリアを積むと、抜群にいいんです。（顧客A）

ある訴訟の相手方弁護士は酷かったですよ。うちの弁護士も大嫌い。やり方から何から汚い。でも勝つ弁護士ってそうなのかもしれないですね。相手が勝ったけど、次その弁護士に勝つからお願いしようとは絶対に思わない。強い弁護士っていうのはそういう人なのかな。でも負けたけど、言いたいことは言えた、（自分たちが）正攻法でやったやり方には納得した。向こうがそういう汚いやり方で勝って喜んでいるなら、もうそれでいいや、と思えた。（顧客C）

たとえ結果に満足しなかったとしても、攻め方への納得感が重要ということである。当然結果も重要だし、負けられない案件もある。顧客は、仕事や雑談を通して弁護士の職業アイデンティティを認知し、案件によってどの弁護士を使うかを選択している。

> コンプライアンスにのっとっていることが前提で、むしろ少し悪くても結果が出せる弁護士の方がビジネスにおいては貴重です。Vの弁護士はべらんめい調、大局に立って、細かいことは気にせずに、大筋で仕事をする感じ。(弁護士によって）法律的アプローチも違う。ケースバイケースで。これはVの弁護士では雑になるなとかいう時は、Y事務所の弁護士は、細かい几帳面、丁寧な仕事をするのでそっちに。細かい話はしたくないときはVに、と使い分けている部分があります。(顧客A)

倒産・会社更生を専門とする弁護士に関しては、組織的に他と少し異質な古い構造が存在する。一般のビジネス法務では、さまざまな分野の専門家を集めて事務所としてのブランドを形成するのに比べ、倒産案件を扱う弁護士は、「倒産村」と呼ばれるヒエラルキーのある弁護士集団を組織し、力のある個人事務所の弁護士が全国の100人の弁護士を動かして大型案件を担当する、という方法をとる。大型のM&Aでも数十人の弁護士が必要になることも少なくないが、倒産・会社更生で100人規模になるのには理由がある。「一斉に100か所に入らないといけないわけです。在庫持ってかれるっていったら、100か所で弁護士を動かさないといけない。だから管財人に任命できるのは100人を動かせる人じゃないといけないわけですよね。(例えば）銀行なんて、支店たくさんあるし」(顧客G)。当然大規模事務所にも倒産案件を扱う弁護士はいて、顧客Gは大手のX事務所や大阪のU事務所を相手方として戦った経験はあるが、「僕が見てきた弁護士はみんな独立している個人事務所。うちはみんな個人の人間をずらっと連ねて、訴状に10人の弁護士入れるという」手法でやってきた。倒産村のトップの弁護士に頼めば、案件の性格を見て10人が適当であれば、10人の弁護士に声をかけて集めてくれるのである。

> S弁護士は、S会っていって、年に一回、全国にいる孫弁からひ孫弁まで、全部で旅行に行くんですよ。100人くらい。だから、電話一本で100人が動くっていわれている人で、浅草とか花柳界とか芸者が大好きで。…僕の結婚式にもでてもらった(笑)。この人はすごいと思うね。ブランド。ブランドです。T先生は、カラオケはレッド・ツェッペリン、年に2回カンボジアに行って井戸を掘ったりしてるの。でも、(外見は）メガネで、痩せてて、超神経質そう、スーパーとっ

つきにくい感じ。逆に言うと、そういう人をこなれさすのが顧客側のテクニック。ツェッペリン聞くに至るまでは大変だった（笑）。（顧客G）

結婚式にも出てもらうし、熱海で接待もするし、一緒にカラオケにも行く。S弁護士もT弁護士も「2人とも接待は大変ですよ」（顧客G）となる。この関係では、弁護士も顧客も人間性を大事にしていて、濃い付き合いであることを両側が望んでいるようである。大変な接待が必要だとしてもそのおかげで自分たちのことを理解してもらっており、そのため結果がでる、つまりこの弁護士に頼めれば勝てるし、支払うコストも妥当という判断である。

ちゃんと（想定の）レンジで話してくる。案件が増えれば増えるほど、阿吽の呼吸になり、こちら側はそういったサービス（接待）をしつつ、妥当な金額。最初は前金でこれだけとか、その辺はしっかりしていたけどね。普段のお付き合いの関係で、うちの難しさとかをよくわかっている弁護士を使った方が結果がでる。普段の付き合いかたの方がよっぽど重要な気がする。（顧客G）

結果が何より重要とする顧客もいれば、結果ではなくプロセスが重要とする顧客もいる。顧客の期待、仕事の進め方、仕事外の付き合いの重視度合いは、顧客によって、あるいは案件によってさまざまであり、かつ、顧客はそれらの点において弁護士と類似性、適合性があるかを随時確認しようとしている。プロとしての専門性があり、コンプライアンスを遵守するということは大前提だが、顧客側に弁護士を理解したいという欲求がある。だからこそ、弁護士に顧客志向があるかは、その欲求に応えるつもりがあるかを測る重要な指標になるといえよう。初めての弁護士の場合はそれが分からないから依頼しづらい、逆に関係の長さによる歴史積み重ねがあれば、どんな弁護士かが分かっているので楽、ということになる。

R弁護士にはすごく人間味を感じるんですよ。風貌はちょっと変わった感じ。ずんぐりむっくりで、オタクな感じ。でもプロだなと思える。十数年の付き合いですけど、事務所に寝泊まりされていることもありそうで、ちょっと不潔そうなのは気になる（笑）。でもすごく謙虚。見下すようなことも一切ない。正義感が強いほど、弁護士の方がよいかも。嫌なら受けないという選択肢もあるし。負けた時に、申し訳なかった、といいつつ、友達の弁護士さんに電話で、自分の中で納得いかなかったようで、何故負けたのかわからないんだよね、って過去の事案を相談していた仲間の弁護士に、悔しがっていた。解釈が、同じ弁護士の中でも分かれる事案だったのかもしれない。バカではもちろんなれない職種だと思うんだけど、ものすごく頭がいいと思った。神。頭がいい人ほど謙虚。（顧客D）

（会社の合併から）16年経つのですが、いまさらながらに合併当時のことがひっかかってきて、混乱時のいろいろな対応が問題としてあがってくることがあるのですが、我々の側（の担当者）が変わってしまっていて、過去のことを知っている人があまりいない一方、その先生の方が良く覚えていて、あの時は誰々さんと誰々さんがやっていて、だからこういう風にしたんです、あ～だからこういうものが残っているのか、みたいな形で逆に教えてもらえたりする。（顧客C）

会食で相手の先生の癖とか人となりが分かる、というのはある。結局文章を作る作業をするので、お互いの性格が分かっていると楽は楽。V事務所の先生にこれ言っても却下するだろうな、というのがだんだんできてくる。でも、その阿吽の呼吸というのは、食事の有り無しよりも、依頼している期間や頻度が長いと相手のことが分かってくる。毎回変えるのは得策じゃないと思う。（顧客A）

正直、（弁護士は）めちゃくちゃ働いていますけど、めちゃくちゃ高いお金を払っているわけで。一般職の社員が一か月働いて20万、30万くらいのところを、弁護士働かせちゃったら300万とか、10倍くらいかかるじゃないですか、単価計算でいうと。こっちは時給2000円なのに、若手で2万円みたいな。パートナーになれば、6万、7万、8万の世界じゃないですか。やっぱり金もらっているんだからっていうのはあるんですけど、ま、一方で先生も人だから、やっぱり顔が見えた方が。かといって、先生とおしゃべりしている時間が長くなればなるほど、コストになるので、そんな無駄買いをするわけにはいかない。定期的に食事会をもって、費用をうちがもつにせよ、一人の時給6万円くらいのお金で、3、4人のパーティくらい開催できるわけですから。そういう方が人となりが見えて面白いかもしれません。（顧客B）

口コミや外部からの評価は、プレステージとしてアイデンティフィケーションの形成要因の一つとされている。インタビューから、プレステージが高いことは、社内への説得材料として機能していることが分かる。

弁護士の良し悪しの判断は人によって、案件によって異なると思います。ただ、口コミがよかったり、ランキングで高かったり、雑誌の表紙になっていたりすると、嬉しいとは言わないけど、安心感にはつながるし。社内で聞かれた時も答える素材として使えるので。（顧客E）

知人の口コミが一番重要。弁護士って付き合ってみてわかるんですけど、人による。事務所の能力関係なくて、属人性の能力なので、いい人を見つけるっていうのは口コミが一番信頼おける。（顧客A）

さらに、M&Aや海外進出、訴訟などで戦略や交渉が重要になる時は、弁護士の能力や姿勢によって弁護士へのアイデンティフィケーションが高くなる傾向がある。専門性に加えて、問題を解決しようという姿勢が見える弁護士の、職業上のアイデンティティに共感している。また交渉の場で、弁護士が依頼企業を『当社は』、『うちは』という言い方をすることで、よりアイデンティフィケーションが高まるという経験を持つ依頼者もいた。Anaza（2015）は、会社アイデンティフィケーションの高い従業員や看護師が、顧客に同一化することを指摘しており、従来の考え方と逆方向に、弁護士が顧客へアイデンティフィケーションを持つと示すことが、顧客の弁護士への一体感を生んでいる。

大事なことって、全体のプロジェクト、M&Aの交渉、トラブル・訴訟での示談など、解決しなきゃいけないことを、解決しようというハート、マインド、姿勢、そういったものが見える先生とは、やっぱりまたやりたいなと思いますね。会社は別、依頼人と代理人なんだけど、乗っている船は一緒みたいな。そういう風に見える先生って、またお願いしようと思うんですよ。最初いくら取るかは別として、ヒアリングで「この背景を教えて下さい、どういう風にしたいですか、今回どこまで持っていきますか、何がゴールですか、どこまで譲れますか」みたいな、ある程度の下打ち合わせをした上で、交渉に臨んだり、契約書を作ったりする先生っていうのは、あ、こっちの立場に立ってくれているな、みたいに思うじゃないですか。Q先生は、お金はかかっているけど、これはテクニックかもしれないけど（交渉の場で）「当社は」っていう言い方をするんです。「○○さん（顧客会社名）は」って言わなくて、「じゃあ、うちはこうしましょう」とか「○○部長、当社はこういうことでいいんですね」みたいな。それもたぶんテクニックなんでしょうけど、気持ちとしては、あ、なんか自分たちの足りないところを専門家の先生が入って、同じ船にのって、補ってくれているっていう気持ちにとてもなるので、(次も) そういう先生にお願いしたいな、と思います。(顧客 B)

以上より、弁護士へのアイデンティフィケーションは、顧客志向、仕事上の価値観の類似、弁護士の職業アイデンティフィケーション、弁護士の顧客の会社へのアイデンティフィケーション、人間的な魅力、依頼している期間や頻度、関係の深さなどがその要因として挙げられると考えられるが、弁護士のプロボノの活動については興味がないという意見も聞かれた。弁護士への期待は人によって異なるため、顧客の目線では、顧客に寄り添い、顧客が望む弁護士像を理解しようとする弁護士が、同一化の条件となっている。しかし当然、弁護士にも顧客を選ぶ権利があるので、顧客志向よりも弁護士としてのアイデンティティを尊重する場合もある。そのアイデンティティに共感しない客は、弁護士の方から関係を終了させることもあり、職業アイデンティティと顧客志向は、相反する場合がある。大規模事務所では倫理的な側面で職業アイデンティティ優先だが、小規模事務所では顧客志向を優先させるという傾向も感じているようだ。

そもそも全部受けるわけではなく、辞任することも1割2割あります。クライアントによっては、使い勝手のよい弁護士を望む場合があって、できる弁護士＝違法なこと、脱法になることをしてくれる人、みたいな。良心の範囲内で柔軟に対応はしますけど、それを越えて脱法なものを脱法でないように見せかけることは、長期的に見るとクライアントにマイナスになる、そういうことは僕はやめさせるので、嫌われることもある。でもそこまで妥協するつもりはないです。…(略)…大きな事務所は、(クライアントの言いなりになって) 短期的に、その場をしのげればいいやと考えることはあまりないと思う。個人事務所の人はクライアントに寄ってしまうことは多い。(弁護士 A)

そのため、弁護士として優秀だと感じるほど融通が利かず、顧客の言いなりになってくれないと感じることや、逆に顧客に有利に言い過ぎていると感じることもあるようだ。

弁護士は最終判断をしてくれない。いい弁護士であればあるほど、逃げる、というか、本当にやばい話になってくると、弁護士は明言を避ける。能力が高ければ高いほどそういう傾向があります。(顧客A)

合併などでも、こんな形で合併・吸収してよいか、こんな方法でしていいか、っていう時に弁護士見解をとってひとつひとつリーガル・オピニオンをとるんです。こっちはアクティブに動いているから、ネガティブではなくアクティブ・オピニオンが欲しい。そういうときにどれだけ適格な意見を頂けるかっていうこと（が重要)。これやって大丈夫ですかっていうと、いやー大丈夫ですよ、ほんとかなって。…（略）…どうしても、クライアントに有利な意見をしている感じもある。(顧客C)

案件内容による違いがあることも分かった。著作権や意匠登録の確認作業や、形式的な契約書チェックなど定型の案件については、弁護士へのアイデンティフィケーションは高くならない。BtoBの案件であっても、コモディティ案件だと、そのようなケースがある。

訴訟回避を目的とした意匠のチェックのような、ある意味単純な作業の場合、医療精密機器部品の数億円の特許が絡むとかいうわけではないので、誰にお願いしても同じような作業になって、正直、能力の差はわからないです。弁護士の報告書があるからといって完全にトラブルを防げるわけでもないですし、正直フィーが安ければ安い方がいいんですよ。弁護士の性格や信条は気にもしない。仕事を安く早く確実やってくれればそれでよいわけです。もっと利便性高く、低コストで効率のよいパッケージ化したサービスにしてもらえないものかと思います。(顧客F)

また、大規模事務所のアソシエイトは、「お願いしたものに対して、帰ってくるスピードや働き方とかがあまりにも似ているので。クオリティはみんな高いし、みんな頭いいし、みんな容姿がカチッとしていて、だらしない人はいないし、受け答えははっきりしているし。どこの弁護士だったのかは、印象に残らない」(顧客B)ため、アイデンティティの差別化ができず、弁護士へのアイデンティフィケーションも持てないことが分かった。パートナーとアソシエイトの間には多かれ少なかれ格差があり、「若い弁護士はついているパートナーが絶対、みたいなところもあれば、…（略）…滅私奉公的でないところもある」（顧客C）が、「（アソシエイトのイメージは）誠実で、とにかく寝ないで働く人。丁寧で、偉ぶることなく。パートナーの先生は、偉ぶっているわけじゃないけど、キャラがあるじゃないですか。横柄に見せることも、強そうに見せることもあるし。」（顧客B）というコメントから、年次の低いアソシエイトのうちは弁護士としてのアイデンティティがまだ確立していないということかもしれない。だとすれば、弁護士歴が長ければ、あるいは年齢が高ければ、職業アイデンティティの顕現性が高まり、顧客は類似性を感じられるようになるのかもしれない。

④顧客の弁護士へのロイヤルティ

顧客は、弁護士と価値観が類似し、仕事のやり方に納得がいけば、たとえ満足な結果にならなくても、金額が高くても、弁護士との一体感が生まれており、その弁護士のために仕事を依頼したい、次もあれば依頼したいと考えている。いったん、いい弁護士と出会ってしまえば、関係は長く続き、自然とロイヤルティが高くなっている。

もうちょっと頑張って、先生のお力にもなれたらな、と思っています。弁護士としての仕事をプロとしてしっかりやるから、私たちの価値観がその弁護士と合っているから。私たちに合った仕事のやり方をしてくれているから。先生のお力にもなれたらな、と思っています。（顧客D）

Q先生は、何度もお会いしているし、何回もやっているので、お金はかかっているけど。…（略）…気持ちとしては、あ、なんか自分たちの足りないところを専門家の先生が入って、同じ船にのって、補ってくれているっていう気持ちにとてもなるので、（次も）そういう先生にお願いしたいな、と思う。ま、同じ（分野の）案件が続くわけじゃないので、次そうなるかはわからないですけど。（顧客B）

社内弁護士や社外取締役監査役になる弁護士を新しく探すことがあるが、案件であまり新しい人を探すことはない。もし、分野が違う話がでてくれば、探さないといけないが、あまりない。（顧客C）

毎回変えるのは得策じゃないと思う。長くお付き合いすることで、弁護士側が、自分たちの癖や事業のことを分かってくれる。（顧客A）

一方で、他に選択肢がないし、変えるにはコストがかかるから使い続けているという消極的理由もあった。

（海外の弁護士に頼んでいるが）他に選択肢がないので、また何かあったらお願いすると思うし、面倒くさいから、結局。会社としてはアカウントが（振込用の）口座ができているので、また頼みますけど。正直、先生の顔は全く見えてないので、単純に、金額が妥当で、仕事は楽で、お願いしているだけなので、もっといい先生がいたら移り替えたい。（顧客 B）

しかし、依頼する側の企業の担当者も、法科大学院出身者だったり、さまざまな情報を得ることができる環境が整ってきていたりするため、弁護士と同等に話をし、弁護士を選定できるような人が増えてきている。そのため、専門性を売りにした情報格差だけでロイヤルティを高めることは難しくなってきている。

紹介より、自分たちで探します。セミナーは便利。必要に応じてですけど、年 3、4 回くらいは。セミナー後は、質問とかメールとかでコンタクトできるので、そういった場を活用できる。何に強い弁護士か、情報をこちらが蓄積できる。（顧客 E）

弁護士は、情報格差、非対称性が非常に大きいから儲かる。だから僕らがもっと知れば、いい弁護士もわかるし、いい弁護士が分かれば、費用も下がるし。この差が大きいから成り立つビジネスかなと。情報格差を縮めるのは、弁護士側からは、できるもんならやってみろって感じですかね。弁護士は見ていて思うんですけど、（弁護士に）なるハードルは高いんだけど、なった後は、ほんとに能力の問題で、非常に論理的に組み立てて、戦略たてて、交渉しなきゃいけない職業なので、こっちも勉強すればある程度きちっと話ができる。そうなると、ほんとに価値が分かる。この人たいしたことないなって人、何人かあったことありますよね。（顧客 A）

それでも、自分にとって特別な存在である弁護士が移籍・独立するという場合は、「もし他に移籍や独立することがあったら、その先生の方にいくでしょうね。仕事は人に貼りついているイメージですね」（顧客 A）、「もし弁護士が遠くに行ってしまったら、その先生に紹介してもらいます。たぶん紹介してもらう先生は似通った人だと思うから。もしくは、ちょっと遠くても行くと思う」（顧客D）など、弁護士へのロイヤルティは高い。

3. モデルの導出

先行研究では、プロフェッショナルの職業アイデンティフィケーションが顧客にどう影響するかという点について、これまで十分な研究がされていなかった（**図4.1**）。そこで、本調査の結果をもとに、プロフェッショナルの職業アイデンティフィケーションを加味したモデルの導出を試みる（**図4.2**）。

まず、サービス一般のコンテキストで研究が進められてきた会社アイデンティフィケーションの影響について確認する。先行研究では、従業員の会社アイデンティフィケーションや会社のアイデンティティに影響されて、顧客も会社アイデンティフィケーションが高くなり、会社へのロイヤルティが上がるという連鎖があると指摘されている。しかし、インタビューからは、リーガル・サービスにおいては、先行研究に反し、連鎖が起きていることは確認できなかった（点線）。弁護士は、自身の職業アイデンティティを認めてくれる事務所、

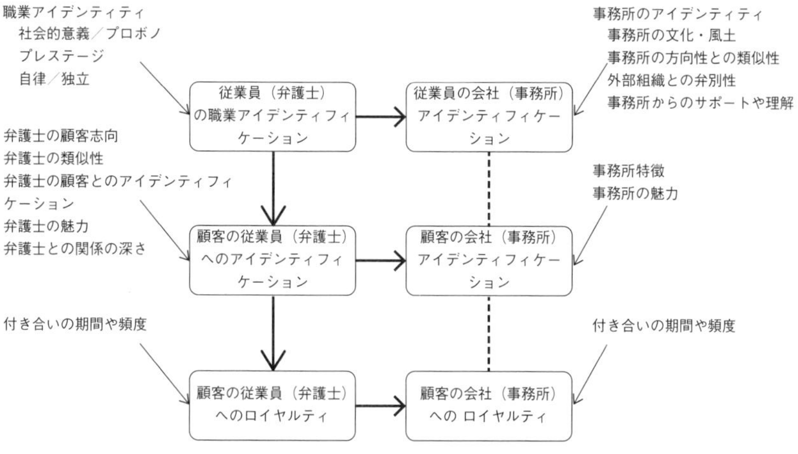

図4.2　定性調査から導出した各変数の関係

つまり職業アイデンティティの特徴となる独立性、専門性、倫理観、顧客との関係が自身の理想に近い事務所を選択し所属する。採用担当者は、事務所の理念に共感する人を選び、仲間として迎え入れるため、事務所に同一化する特徴を持つ人々の集団となる。他のサービス業で起きるのと同様に、事務所のアイデンティティが他から際立っており、それが魅力的で、自分と類似性が高く、自分への理解やサポートがあると認知することで、弁護士は高い事務所アイデンティフィケーションを持つ。

一方で顧客は、複数の事務所と関係を持っているが、たとえ事務所のアイデンティティを比較的しっかりと考えている大規模法律事務所であっても、そのアイデンティティを区別できていないことが分かった。例えば、情報量、ネットワーク、高い能力、迅速性という共通の特徴は、大規模事務所共通の魅力であり、それぞれの事務所のアイデンティティではない。これは、各事務所のアイデンティティが弁護士を通じて表現されるという機会が少ない上、パンフレットやウェブサイト、ブログでの発信など、差別化しにくいマーケティング・コミュニケーションでは、顧客は事務所固有の魅力や自身との類似性を認知することができず、同一化が起こりづらい背景がある。また、サービスの特徴である無形性、不可分性、変動性、消滅性があるため、顧客は、仕事を一緒にしてみるまで事務所のアイデンティティを認知することは難しい。顧客になってしまえば、事務所からセミナーの案内などのコンタクトがあり、過去の案件からお互いへの理解が進み、スイッチング・コストが増すため、他にいい事務所があるかもしれないと思ったとしても、事務所の変更はリスクだと感じている。事務所に同一化しているからというより、関係の長さや深さによってロイヤルティが生まれていると推察できる。このような構造から、顧客の事務所へのアイデンティフィケーションから事務所へのロイヤルティの影響があるとはいえず、事務所との関係の長さによって累積される情報量が影響している。

次に、先行研究で未解決の、従業員の職業アイデンティフィケーションと顧客の従業員へのアイデンティフィケーション、顧客の従業員へのロイヤルティとの関連について確認する。弁護士は、その職業を目指す段階でアイデンティティを認知し、司法試験勉強中、修習中、見習い中とそのアイデンティティを確立していく。就職活動中の修習生は、どんな事務所であるかというアイデンティティと共に、採用担当弁護士のアイデンティティの魅力や類似性を認知して、事務所を選択する。職業アイデンティフィケーションは早くから形成され、事務所アイデンティフィケーションは実際に弁護士になってから形成されていく。弁護士は、職業と事務所の二つのアイデンティティを持っているため、顧客との直接のコミュニケーションを通じてその両方が顧客に伝わるという想定をしていたが、顧客との関係において弁護士は、顧客から弁護士としてどう見られるかに注意を払っており、事務所のアイデンティティより弁護士としてのアイデンティティをより顕著に表していることが分かった。事務所の一員としてではなく、「私は弁護士である」からこその姿勢や価値観を顧客に表現することに注意を払っている。

一方の顧客は、ルーチンな作業を依頼した場合を除き、弁護士の職業アイデンティティを敏感に感じ、また感じようとしていることがうかがえた。顧客の弁護士へのアイデンティフィケーションの形成要因として、顧客志向、仕事上の価値観の類似、弁護士の職業アイデンティフィケーション、人間的な魅力などがあった。弁護士への同一化が進むと、継続依頼や紹介という行動につながり、付き合いの期間が長くなり、弁護士へのロイヤルティが高くなる。

弁護士は、基本的にその事務所のアイデンティティに共感して参加するため、事務所へのアイデンティフィケーションは高いが、事務所の合併によるアイデンティティの変更や、マネージングパートナーの交代による事務所の方針変更があると、自分のアイデンティティとの齟齬が起こり、脱アイデンティフィケーションが起きる。すると、より自分が活躍できる場を求めて移籍や独立を考えるようになる。弁護士が事務所にいる間は、顧客は、弁護士へと同時に事務所へのロイヤルティが高まることにつながるが、弁護士が移籍・独立するという場合は、弁護士へのロイヤルティが優先されることになり、事務所から弁護士と顧客の両方が同時に離脱すれば収益に影響が出る。

4. 調査の小括

本インタビュー調査をするにあたり設定したリサーチ・クエスチョンは、「プロフェッショナル・サービスのVPCは、プロフェッショナルの職業アイデンティフィケーションの影響を受け、どのような構造になっているのか？」というものであった。

まず弁護士のインタビューで分かったことは、「弁護士とは何者か」を長期間意識した上でその職業を選ぶことから、職業アイデンティフィケーションを持つ。加えて、自分の理想とする弁護士像を実践できる事務所を選択するため、事務所へのアイデンティフィケーションも高い。弁護士と顧客の関係においては、弁護士は、仕事を通して弁護士としてのアイデンティティを表現していて、顧客は、顧客である自分／自社をどう扱うつもりがあるのかという弁護士の顧客志向や価値観を積極的に知りたいと考えている。つまり、弁護士が顧客に伝えたい、顧客が知りたいと思っているのは、弁護士の職業アイデンティティの部分である。顧客は、弁護士の職業アイデンティフィケーションを認知し、弁護士へのアイデンティフィケーションを持つ。そして、特に４大事務所と呼ばれるような規模の大きな事務所において、担当の弁護士が所属する事務所のアイデンティティを認知できていない。弁護士を通して、事務所のアイデンティティが認知できないため、事務所へのアイデンティフィケーション、事務所へのロイヤルティを生んでいない。

定性調査からは、リーガル・サービスのVPCでは、先行研究で支持されている会社アイデンティフィケーションの連鎖は確認できなかった一方、職業アイデンティフィケーションの連鎖が強く動作しており、顧客の弁護士へのアイデンティフィケーションが弁護士へのロイヤルティを上げ、そこから事務所へのロイヤルティに影響していることがわかった。

1　http://www.metro.tokyo.jp/tosei/hodohappyo/press/2018/03/26/documents/14_01.pdf
2　http://www.educa.nagoya-u.ac.jp/~otani/scat/#01
3　ローカルパートナーとは、グローバルファームにおいて各国に限定されたパートナーであり、グローバル全体の事務所経営への権限はなく、各国の現地オフィスの権限のみを持つ。
4　https://www.legalmarketing.org/page/2018-lma-bloomberg-law-research-study
5　https://www.hg.org/marketing-sell-legal-services.html

第5章 リーガル・サービスのバリュー・プロフィット・チェーンについての定量調査

1. 仮説

第4章の定性調査において、職業アイデンティフィケーションの影響を考慮してリーガル・サービスのVPCを調査したところ、職業に同一化した弁護士に、顧客はアイデンティフィケーションを持ち、弁護士へのアイデンティフィケーションが弁護士へのロイヤルティ、そして事務所へのロイヤルティを上げているという構造が浮き上がった。そこで、BtoBのリーガル・サービスでこの構造が一般化できるのか検証を行う。定量的に各要素の関係を分析することで、より詳しくどの要素がどの要素に影響しているのか、あるいは影響していないのか、どの要素を媒介して影響しているのかを検証することができる。まず、定性調査から明らかになったリーガル・サービスのVPCの特徴は下記の通りである。

特徴の一つめは、プロフェッショナルが職業と所属する組織の両方にアイデンティフィケーションを持つ（Russo, 1998；Bamber and Iyer, 2002；Hekman et al., 2009a；Hekman et al., 2009b；Bartels et al., 2010）とされている通り、弁護士は職業アイデンティフィケーションと事務所アイデンティフィケーションの両方を持っている。インタビューを行った弁護士たちは、職業アイデンティフィケーションより事務所アイデンティフィケーションを高く持っていた。にもかかわらず顧客は、弁護士を通して事務所アイデンティティではなく、弁護士本人の職業アイデンティティを認知していた。弁護士は顧客に自身の職業アイデンティティを意識して表現しているうえ、顧客は、弁護士の職業上の能力や顧客に対する姿勢を判断するために積極的にその情報を得ようとしている、という背景がある。

特徴の二つめは、顧客は、事務所アイデンティフィケーションが高くても、事務所へのロイヤルティが高まるような連鎖が見られなかったことである。顧客に対して、事務所のアイデンティティは弁護士を通してもなお顕現性が低く、事務所からの継続的なコンタクトが要因としてあるものの、事務所アイデンティフィケーションの影響は限定されていた。事務所へのロイヤルティは、事務所アイデンティフィケーションからではなく、付き合いの長さや頻度が条件となっていた。

特徴の三つめ、顧客は、弁護士の職業上の能力や顧客に対する姿勢を判断するために積極的にその情報を得ようとし、そこに魅力や類似性があると弁護士に同一化する。弁護士に同一化すると、弁護士へのロイヤルティを持ち、それが弁護士の所属する事務所へのロイヤルティにもなる。

以上の結果をもとに、仮説の構築を行った。定性調査と同様の条件の BtoB のリーガル・サービスにおいて、定量的に検証する。

弁護士が職業アイデンティフィケーションと事務所アイデンティフィケーションの両方を持つことは、先行研究と定性調査より明らかである。顧客は、先行研究で指摘されている事務所へのアイデンティフィケーションだけでなく、定性調査から弁護士へのアイデンティフィケーションを持つことが明らかである。また、ロイヤルティも、弁護士へのロイヤルティと事務所へのロイヤルティの二つがある（Wong and Sohal, 2003）。定性調査からは、弁護士としての自覚と使命を持ち職業と同一化している弁護士は、法律家としての独立性と社会正義を前提として、顧客の期待や顧客の要望に沿おうとする顧客志向になることがうかがえた。顧客志向がある弁護士に、顧客は同一化し、弁護士へのアイデンティフィケーションは弁護士へのロイヤルティを高めると考えられる。

仮説①：弁護士の職業アイデンティフィケーションは、直接または弁護士の顧客志向を媒介して、顧客の弁護士へのアイデンティフィケーションを高める。

仮説②：顧客の弁護士へのアイデンティフィケーションは、弁護士へのロイヤルティを高める。

弁護士の持つ事務所へのアイデンティフィケーションは、組織アイデンティフィケーションの先行研究からは、顧客に直接接することにより、顧客の事務所アイデンティフィケーションを高めるはずであるが、定性調査からは、仮説①のように弁護士を通して顧客の事務所のアイデンティフィケーションを上げているとは確認できなかった。顧客が事務所に同一化すれば、事務所へのロイヤルティが上がる、ということも現象として見えてこない。

仮説③：弁護士の事務所アイデンティフィケーションは、直接または弁護士の顧客志向を媒介して、顧客の事務所アイデンティフィケーションを高めるとはいえない。

仮説④：顧客の事務所へのアイデンティフィケーションは、事務所へのロイヤルティを高めるとはいえない。

プロフェッショナルである弁護士は職業アイデンティフィケーションを事務所アイデンティフィケーションに先行して形成する（Russo, 1998；Bamber and Iyer, 2002）。何らかの原因で事務所アイデンティティとの違和感を覚えると事務所からの脱同一化（Kreiner and Ashforth, 2004）が起こり、別の事務所に移籍する場合でも、職業アイデンティフィケーションはそのまま維持され、新しい事務所のアイデンティティに同一化していく。職業アイデンティフィケーションの高さが、事務所アイデンティフィケーションに影響している。

仮説⑤：弁護士の職業アイデンティフィケーションは、弁護士の事務所アイデンティフィケーションを高める。

顧客は、直接関係のある弁護士からの影響を受け、まず弁護士に同一化する。個人事務所の場合に顧客は事務所のアイデンティティを意識することはないが、中規模・大規模事務所の場合、○○事務所の○○弁護士という認知をするようになる。弁護士へのアイデンティフィケーションが高いと、その弁護士が所属している事務所へのアイデンティフィケーションも高くなることになる。この点は Wu et al.（2012）により指摘されている。また、顧客の従業員へのロイヤルティは顧客の会社へのロイヤルティに正の影響がある（Palmatier et al., 2007）とされることから、同様に、顧客の弁護士へのロイヤルティが高ければ、その弁護士が所属する事務所へのロイヤルティを高める。

仮説⑥：顧客の弁護士へのアイデンティフィケーションは、顧客の事務所アイデンティフィケーションを高める。

仮説⑦：顧客の弁護士へのロイヤルティは、顧客の事務所へのロイヤルティを高める。

このモデルを俯瞰すると、BtoB のリーガル・サービスの VPC において、職業アイデンティフィケーションの連鎖が機能している一方、先行研究で指摘されている会社アイデンティフィケーションの連鎖は機能しておらず、事務所へのロイヤルティは、職業アイデンティフィケーションの連鎖によって生まれる弁護士へのロイヤルティによって生成されている、という結果が予測される。

2. 調査の概要

定量調査は、筆者の設計した設問に基づき、調査会社に依頼しオンライン調査を行った。複数の調査会社にあたり、事前に出現率調査を行い、確実にサンプル数が取得できると測定できた会社に依頼した。本調査の調査対象は、5 名以上の弁護士が所属する（つまり個人事務所ではない）法律事務所の弁護士に、個人ではなく仕事上の案件を依頼した経験のある有職者（調査の半年前の時点で、正社員または役員）の男女（23 歳～ 80 歳）で、1,000 名の有効回答を得た。男女比は男性 88%、女性 12%、平均年齢は 50.5 歳であった。調査エリアは全国、対象者から弁護士と調査広告代理業は除外した。回答者の中で一番ボリュームのあった世代は、50 代の男性で 39.7%、次点が 40 代の男性で 24.1% であった（**表 5.1** 参照）。

表5.1　定量調査の概要

調査日時	2017年11月
調査会社	楽天リサーチ株式会社
調査対象	中規模（5名以上の弁護士がいる事務所）以上の法律事務所の弁護士に仕事上の件を依頼したことのある男女、現在有職者（会社員または会社役員） 除外業種：調査広告代理業、弁護士
調査エリア	全国
年代指定	なし
調査方法	インターネット調査会社を利用（事前調査で出現率を確認）
質問項目	スクリーニング3問（仕事上で、過去（1年以内）に5名以上弁護士のいる法律事務所に所属する弁護士に案件を依頼した経験のある人を抽出）
問題数	本問15問（マトリクス形式）
サンプル数	1000サンプル
分析方法	STATAを使い、SEM（構造方程式モデリング）で分析
回答者属性	年齢：23歳～80歳 男女比：男性88%、女性12% 平均年齢：50.5歳 世代別：50代男性39.7%、40代男性24.1%、60代男性14.3% 都道府県別：東京都23.8%、大阪府10.5%、神奈川県10.4%

5名以上の弁護士のいる法律事務所と特定したのは、弁護士1名の個人事務所では、弁護士と事務所が1対1であるため、職業アイデンティフィケーションは測れても事務所アイデンティフィケーションが測れないし、2～3名の法律事務所の場合も、実態はボス弁（“ボス”である雇用者弁護士の俗称）とイソ弁（弁護士資格取得後、独立するまでの数年を“居候”する弁護士の俗称）、もしくはノキ弁（事務所の“軒先”を借りるだけで仕事は独立して業務している弁護士の俗称）のみが在籍する事務所で事務所アイデンティティの顕現性は低いと考えたためである。また、依頼の継続性を考慮し、離婚や過払い金請求、交通事故など一回の依頼で終わることが多い個人の民事・刑事事件を排除するために、仕事上で利用した経験があるという制約を付加した。ビジネスで発生する案件の場合、顧問弁護士に法務のすべてを依頼するというより、案件によって都度弁護士を調達することが多い。同じような案件が発生した場合に、またこの事

務所／弁護士に依頼したいと思うこともあれば、気に入らなければ競合の事務所／弁護士にスイッチすることもよくある。そのため、ビジネスでのリーガル・サービスの提供側には、継続的な顧客のロイヤルティを醸成する必要が生じている。

回答者集団の属性がインターネット利用者に限定されるという指摘については、本調査の対象者にはインターネット非利用者はほぼ皆無であろうことから、特に問題とはならない。逆に、業種や役職を越えて広く有職者の中から対象者を絞ることができるオンライン調査の利点を活用した。弁護士と仕事をするのは、社長や法務部だけでなく、知財部、人事部、事業開発部など多岐にわたるため、部署に関わらず弁護士と実務を行っている人々に調査するためには、オンライン調査が便宜的に有効であった。

本調査では、従業員の特徴やアイデンティフィケーションを顧客側に知覚として測定している文献がある（Ahearne et al., 2005；Marin and de Maya, 2013）ことを踏まえ、弁護士のアイデンティフィケーションを顧客の知覚で代替している。会社に同一化している従業員は、その行動を通して直接／間接にアイデンティフィケーションを顧客に表す（Homburg et al., 2009；Marin and de Maya, 2013）。また、定性調査より、弁護士は自分が顧客からどう見られるかに注意を払っており、顧客は、ルーチンな確認作業を依頼した場合を除き、弁護士のアイデンティティを敏感に感じていることがうかがえたことから、実際の従業員アイデンティフィケーションと顧客の知覚は相関していると仮定とした。

なお、この件はコモン・メソッド・バイアスが問題となる可能性があるため、Harman's One Factor Test（Podsakoff and Organ, 1986）を行った。Podskoff and Organ（1986）によると、探索的因子分析（回転なし）によって、(a) 因子が一つしか抽出されない場合と、(b) 第一因子がデータの分散の過半数を説明する場合、コモン・メソッド・バイアスが問題となる。全変数の質問項目（項目合計 38）から、固有値 1 以上を因子抽出の条件とする探索的因子分析（回転なし）を行ったところ、八つの因子が抽出され、第 1 因子の寄与率は 27.79% であったことから、コモン・メソッド・バイアスは重大な問題にならないことが確認できた。

虚偽回答や対象外の回答者については回答開始時のスクリーニングテストに

より排除し、重複回答についても制御を行った。スクリーニング後の回答者には、まず、「あなたがこれまで業務上で仕事を依頼したことのある弁護士（5名以上の法律事務所に所属している）についてお伺いします。印象に残っている方一人を思い浮かべて、質問にお答えください」として弁護士1名を想起してもらい、質問票に回答してもらった（Appendix 6および7）。

3. 調査モデルA

(1) 仮説

プロフェッショナル・サービスでは、プロフェッショナルは職業アイデンティフィケーションが会社アイデンティフィケーションより先に形成されると考えられる（Russo, 1998；Bamber and Iyer, 2002）ことから、従業員の職業アイデンティフィケーションを独立変数とした。調査モデルは、Homburgの拡張型SPC（Homburg et al., 2009）を参考にし、弁護士のアイデンティフィケーションから顧客のアイデンティフィケーションへの影響は、直接的に、また顧客志向を媒介して影響があるとして、モデルを構築した（**図5.1**）。

・弁護士が持つ職業アイデンティフィケーションが高ければ、顧客の弁護士へのアイデンティフィケーションが高まる（H1）。
・弁護士の職業アイデンティフィケーションは、弁護士の顧客志向を高める（H2）。
・弁護士の顧客志向は、顧客の弁護士へのアイデンティフィケーションを高める（H3）。
・顧客の弁護士へのアイデンティフィケーションが高まると、顧客の弁護士へのロイヤルティが高まる（H4）。
・弁護士の事務所アイデンティフィケーションが高ければ、顧客の事務所アイデンティフィケーションが高まるとはいえない（H5）。
・弁護士の事務所アイデンティフィケーションは、弁護士の顧客志向を高める（H6）。

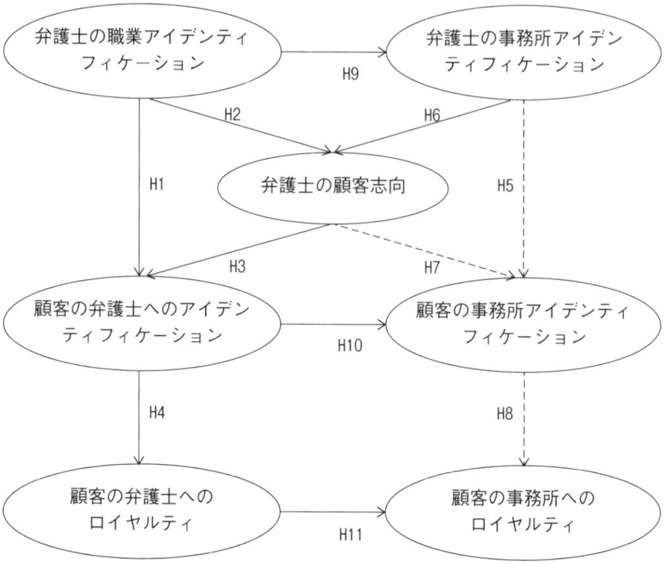

図 5.1　職業アイデンティフィケーションを考慮した VPC の調査モデル

出所：筆者作成。

- 弁護士の顧客志向は、顧客の事務所アイデンティフィケーションを高めるとはいえない（H7）。
- 顧客の事務所アイデンティフィケーションが高まると、顧客の事務所へのロイヤルティが高まるとはいえない（H8）。
- 弁護士の職業アイデンティフィケーションが高ければ、弁護士の事務所アイデンティフィケーションが高まる（H9）。
- 顧客の弁護士へのアイデンティフィケーションが高ければ、顧客の事務所アイデンティフィケーションが高まる（H10）。
- 顧客の弁護士へのロイヤルティが高ければ、顧客の事務所へのロイヤルティが高まる（H11）。

先行研究からは、H5、H7、H8 はいずれも正の影響があるとされるが、職業アイデンティフィケーションの影響を考慮した定性調査からは、その 3 点について、影響があるとはいえないという結果がでるのではないかと推測する。

⑵　測定方法

４種のアイデンティフィケーションについては、アイデンティフィケーションを測る尺度として最も多く利用されている（Riketta, 2005）。Mael and Ashforth（1992）の尺度から、メディアに取り上げられたときの質問（“If a story in the media criticized X, I would feel embarrassed.”）を削除した5項目を基に調整した。顧客志向の尺度はHomburg et al.（2009）を参考にし、ロイヤルティについては、再依頼意図（再購買意図）と推奨意図で測定した。**図5.1**の変数はすべて潜在変数であり、各観測変数は、いずれも１（全くそう思わない）から７（非常にそう思う）の７件法で測定した。各尺度の内的一貫性を確認するためのCronbach's αの値は、最も低いもので0.836あり、目安となる0.7を超えている。基本統計量は、**表5.2**の通りである。分析ツールはStata/IC 14.2 for Windowsを用い、SEMによる解析を行った。

⑶　結果

各係数の相関は、**表5.3**の通りである。弁護士の職業アイデンティフィケーションは、顧客の弁護士へのロイヤルティや事務所へのロイヤルティと直接の相関がないことが分かる。また、顧客志向とも相関していない。この点については、SEMでさらに分析をしていく。

SEMの分析結果を**図5.2**に示す。弁護士の職業アイデンティフィケーションが高くなれば、顧客の弁護士へのアイデンティフィケーションが高まり（H1：$\beta=0.291$，$p<0.001$）、さらに顧客の弁護士へのロイヤルティも高くなる（H4：$\beta=0.486$，$p<0.001$）。定性調査を通して、弁護士へのインタビューからは、弁護士は職業アイデンティフィケーションが高いと顧客志向になると考えたが、本定量調査からは、逆の結果（H2：$\beta=-0.187$，$p<0.001$）が導き出された。この解釈について、今回計測した弁護士の職業アイデンティフィケーションは顧客の認知であることから、顧客が弁護士の職業アイデンティフィケーションが高いと認知するとその弁護士は顧客志向にならないと感じているということになる。顧客は、「むしろ少し悪くても結果が出せる弁護士の方がビジネスにおいては貴重」というコメントがあったように、弁護士が自分たちの思い通りの方向

表 5.2　基本統計量

潜在変数 観測変数	平均	標準偏差	クロンバックα	平均
弁護士の職業アイデンティフィケーション			0.8657	4.007
その弁護士は、弁護士という職業を批判されたとき、自分が侮辱されたように感じると思う。	3.897	1.631		
その弁護士は、弁護士という職業を他人がどう感じているかにとても興味があると思う。	3.694	1.345		
その弁護士は、弁護士という職業を「彼ら」ではなく「我々」ということが多い。	4.252	1.441		
その弁護士は、弁護士という職業の成功は自分の成功であるように感じていると思う。	4.092	1.405		
その弁護士は、弁護士という職業を称賛されたとき、自分が賞賛されたように感じていると思う。	4.101	1.387		
顧客の弁護士へのアイデンティフィケーション			0.8795	3.423
あなたは、その弁護士のことを批判されたとき、自分が侮辱されたような気持になる。	3.353	1.449		
あなたは、他の人がその弁護士についてどう思っているかに興味がある。	3.491	1.468		
あなたは、その弁護士のことを、「あの弁護士」ではなく「うちの弁護士」という。	3.616	1.625		
あなたは、その弁護士が成功すると、自分が成功したかのように思う。	3.383	1.525		
あなたは、その弁護士を称賛されたとき、自分が賞賛されたように感じる。	3.272	1.495		
弁護士の顧客志向			0.9697	4.656
その弁護士は、顧客のニーズをわかろうとする姿勢がある。	4.704	1.286		
その弁護士は、顧客のベストな解決策を心得ている。	4.637	1.274		
その弁護士は、サービスを単に売るのではく、顧客の課題解決をしようという姿勢でいる。	4.688	1.298		
その弁護士は、課題解決に最も適したサービスの提供を心掛けている。	4.630	1.269		
その弁護士は、顧客にとって最も助けになるサービスのやり方を探そうとする。	4.623	1.291		
顧客の弁護士へのロイヤルティ			0.8362	4.076
誰かに聞かれたら、その弁護士を推奨する。	4.330	1.383		
同様に案件があったら、その弁護士に依頼する。	4.561	1.488		
その弁護士の良さをネットや会話でコメントする。	3.057	1.426		
この先その弁護士と長く付き合いたいと思う。	4.355	1.478		
弁護士の事務所アイデンティフィケーション			0.9219	4.182
その弁護士は、所属する法律事務所のことを批判されたとき、自分が侮辱されたように感じると思う。	4.152	1.438		
その弁護士は、所属する法律事務所のことを他人がどう思っているかにとても興味があると思う。	3.954	1.314		
その弁護士は、所属する法律事務所のことを「その事務所」ではなく「うちの事務所」ということが多い。	4.400	1.389		
その弁護士は、所属する事務所の成功は自分の成功であるように感じていると思う。	4.187	1.312		
その弁護士は、所属する法律事務所を賞賛されたとき、自分が賞賛されたように感じていると思う。	4.215	1.286		
顧客の事務所アイデンティフィケーション			0.9348	3.275
あなたは、その事務所のことを批判されたとき、自分が侮辱されたような気持になる。	3.288	1.419		
あなたは、他の人がその法律事務所についてどう思っているかに興味がある。	3.407	1.387		
あなたは、その法律事務所のことを、「あそこの事務所」ではなく「うちの事務所」という。	3.215	1.449		
あなたは、その法律事務所が成功すると、自分が成功したかのように思う。	3.228	1.428		
あなたは、その法律事務所を称賛されたとき、自分が賞賛されたように感じる。	3.235	1.396		
顧客の事務所へのロイヤルティ			0.8373	4.182
誰かに聞かれたら、その事務所を推奨する。	4.402	1.274		
同様に案件があったら、その事務所に依頼する。	4.567	1.323		
その事務所の良さをネットや会話でコメントする。	3.374	1.415		
この先その事務所と長く付き合いたいと思う。	3.374	1.337		

表 5.3　各係数の相関

	1	2	3	4	5	6	7
弁護士の職業アイデンティフィケーション	1						
顧客の弁護士へのアイデンティフィケーション	0.292***	1					
弁護士の顧客志向	0.052	0.368***	1				
顧客の弁護士へのロイヤルティ	0.041	0.423***	0.809***	1			
弁護士の事務所アイデンティフィケーション	0.558***	0.334***	0.275***	0.272***	1		
顧客の事務所へのアイデンティフィケーション	0.168***	0.726***	0.318***	0.410***	0.327***	1	
顧客の事務所へのロイヤルティ	0.015	0.388***	0.774***	0.824***	0.261***	0.385***	1

注：*p＜0.05, **p＜0.01, ***p＜0.001

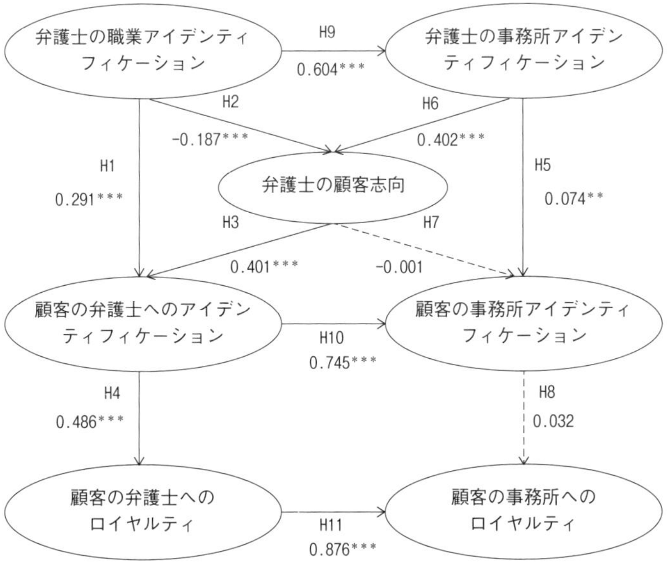

図 5.2　分析結果 1

Notes：*p＜0.05, **p＜0.01, ***p＜0.001; R2=0.997; RMSEA=0.091; CFI=0.850; n=1000

に助言をしてくれることを期待している。一方弁護士からは、「クライアントによっては、使い勝手のよい弁護士を望む場合があって」、「辞任することも１割２割ある」というコメントがあった（第４章第２節(2)）。顧客志向を職業アイデンティティより優先させることもあれば、逆に職業アイデンティティを優先することもあることから、顧客は、弁護士の職業アイデンティフィケーションが高くなると顧客志向が低くなるという認知をしているものと思われる。また、弁護士の顧客志向は、顧客の弁護士へのアイデンティフィケーションを高くしている（H3：β=0.401，$p<0.001$）。

一方、会社アイデンティフィケーションの連鎖については、先行研究の通り、弁護士の事務所アイデンティフィケーションが高ければ顧客の事務所アイデンティフィケーションも高くなり（H5：β=0.074，$p<0.01$）、弁護士の顧客志向が高くなる（H6：β=0.402，$p<0.001$）ことが分かった。しかし、弁護士の顧客志向が顧客の事務所へのアイデンティフィケーションを上げる（H7）、顧客の事務所へのアイデンティフィケーションが顧客の事務所へのロイヤルティを上げる（H8）という点については、いずれも有意にならなかった。顧客の事務所アイデンティフィケーションを高めたとしても顧客の会社へのロイヤルティにはつながらない、ということになる。

そして、弁護士の職業アイデンティフィケーションは、弁護士の会社アイデンティフィケーションに（H9：β=0.604，$p<0.001$）、顧客の弁護士へのアイデンティフィケーションは顧客の事務所へのアイデンティフィケーションに（H10：β=0.745，$p<0.001$）、顧客の弁護士へのロイヤルティは事務所へのアイデンティティに（H11：β=0.876，$p<0.001$）、いずれもかなり高い正の影響があることが分かった。これまでの研究で指摘されていた会社アイデンティフィケーションの連鎖では、顧客志向から顧客の事務所アイデンティフィケーションへ、そして顧客の事務所へのロイヤルティへの影響が確認できず、職業アイデンティフィケーションの連鎖が強く働いているということが分かった。

本モデルのフィット指数は、CFI は 0.850 で 0.9 に満たないものの、RMSEA は 0.091（90％の信頼区間＝ 0.089－0.093）は 0.1 以下であるため、おおむね妥当なモデルといえる。

定性調査から、顧客は、その弁護士の所属が大規模事務所の時とそうでない

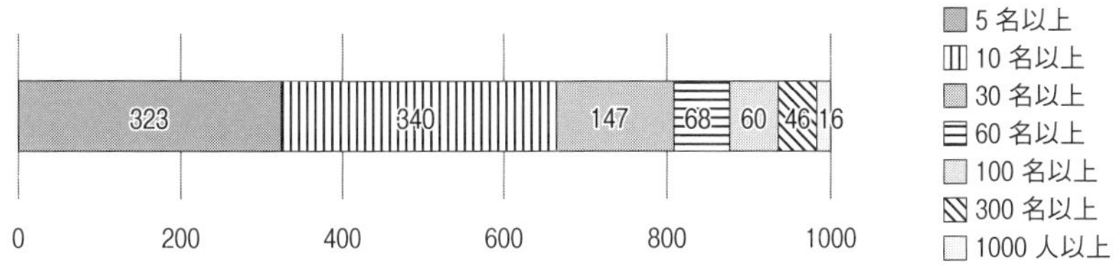

図 5.3　事務所の規模

時に、事務所に対する認知に差があることが分かっていることから、定量調査において、その差について各変数の影響を分析した。調査モデルは**図 5.1** のまま、弁護士が所属する事務所の規模によってサンプルを二つのグループに分類した。事務所に所属する弁護士数が 5 名以上 30 名未満の事務所（Group 1）の 663 データ、30 名以上の事務所（Group 2）の 337 データを比較した。なお、事務所規模に関する回答は、**図 5.3** の通りである。

弁護士 30 人未満の Group 1 のデータにおける結果は、全体の結果と同様で、顧客志向から顧客の事務所アイデンティフィケーションへ（H7）、そして顧客の事務所へのロイヤルティへ（H8）の係数が有意にならなかった。そして、30 人以上の Group 2 のデータにおける結果は、**図 5.4** の通りとなった。弁護士の職業アイデンティフィケーションから顧客の弁護士へのアイデンティフィケーションへは直接の影響（H1：β=0.399, $p<0.001$）があると共に、顧客の弁護士へのアイデンティフィケーションへは、弁護士の職業アイデンティフィケーションから弁護士の事務所アイデンティフィケーションへ（H9：β=0.617, $p<0.001$）、弁護士の事務所アイデンティフィケーションから顧客志向へ（H6：β=0.461, $p<0.001$）、顧客志向から顧客の弁護士へのアイデンティフィケーションへ（H3：β=0.362, $p<0.001$）という影響が有意となった。そして、顧客の弁護士へのアイデンティフィケーションからは顧客の弁護士へのロイヤルティへの影響（H4：β=0.546, $p<0.001$）があり、顧客の弁護士へのロイヤルティが高くなれば、事務所へのロイヤルティも高くなる（H11：β=0.800, $p<0.001$）。有意にならなかったのは、弁護士の職業アイデンティフィケーションから顧客志向への影響（H2）、顧客志向と弁護士の事務所アイデンティフィケーションから、顧客の事務所アイデンティフィケーションへの影響（H5, H7）、そして顧

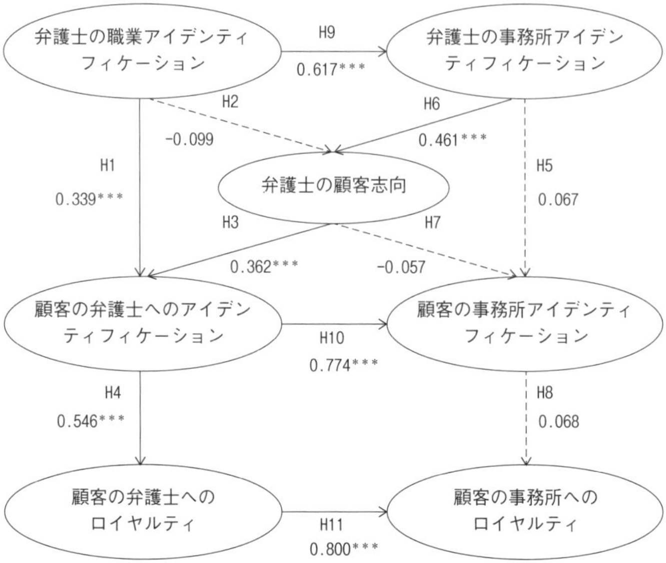

図 5.4　分析結果 2

Notes：*p＜0.05, **p＜0.01, ***p＜0.001; R2=0.996; RMSEA=0.092; CFI=0.842; n=337

客の事務所アイデンティフィケーションから顧客の事務所へのロイヤルティへの影響（H8）である。

大規模事務所の場合は、弁護士の事務所アイデンティフィケーションが顧客の事務所アイデンティフィケーションに影響し、それが顧客の事務所へのロイヤルティに影響するという会社アイデンティフィケーションの連鎖は、まったく機能していないといえる。

なお、弁護士の職業アイデンティフィケーションと事務所アイデンティフィケーションが弁護士の回答でなく顧客の認知である点について、本章第2節に記述した通り、定性調査および Harman's One Factor Test（Podsakoff and Organ, 1986）で問題を回避した上で上記の分析を行ったわけであるが、改めてその二つの変数を削除し、弁護士の顧客志向（顧客の認知）、顧客の弁護士へのアイデンティフィケーション、顧客の事務所へのアイデンティフィケーション、顧客の弁護士へのロイヤルティ、顧客の事務所へのロイヤルティの五つの変数のみでの検証も行った。**図 5.4** と同様に、顧客志向から顧客の事務所アイデンティフィケーションへの影響（H7）、そして顧客の事務所アイデンティフィケーションから顧客の事務所へのロイヤルティへの影響（H8）が統計的に有意にならなかった。ただし、フィット係数は、RMSEA が 0.118、CFI が 0.873 であり、適合度は低くなった。

4. 調査モデル B

(1) 仮説

調査 A のモデルは、Homburg の拡張型 SPC をもとに作成した VPC で、顧客志向が弁護士の職業アイデンティフィケーションと顧客の弁護士へのアイデンティフィケーションを媒介するモデルであった。この結果、リーガル・サービスでは、会社アイデンティフィケーションの連鎖より職業アイデンティフィケーションの連鎖が強く働いていることが分かった。そこで、この職業アイデンティフィケーションの連鎖に焦点をあて、顧客の弁護士へのアイデンティフィケーションの形成要因を分析する。定性調査では、弁護士との類似性、弁護士の魅力といった要因が顧客の弁護士へのアイデンティフィケーションを上げていたことから、その二つの変数を追加した。仮説は以下の通りである。

- 弁護士の職業アイデンティフィケーションは、顧客の弁護士へのアイデンティフィケーションが高まる（H1'）。
- 弁護士の職業アイデンティフィケーションは、弁護士の顧客志向を高める（H2'）。
- 弁護士の顧客志向は、顧客の弁護士へのアイデンティフィケーションを高める（H3'）。
- 弁護士の魅力は、顧客の弁護士へのアイデンティフィケーションを高める（H4'）。
- 弁護士との類似性は、顧客の弁護士へのアイデンティフィケーションを高める（H5'）。

表 5.4　追加変数の基本統計量

潜在変数 観測変数	平均	標準偏差	クロンバック α	平均
弁護士の魅力			0.8672	4.288
その弁護士は、魅力的なアイデンティティを持っている。	4.196	1.228		
その弁護士は、他の弁護士と違っているので、好きだ。	4.043	1.190		
弁護士との類似性			0.9432	3.191
その弁護士と自分は似ていると感じる。	3.124	1.306		
その弁護士と共通するものがたくさんあると感じる。	3.249	1.309		
価値観、性格、見解、好みなどすべて考慮しても、その弁護士と自分は似ていると感じる。	3.201	1.316		

・顧客の弁護士へのアイデンティフィケーションは、顧客の弁護士へのロイヤルティを高める（H6'）。

(2)　測定方法

弁護士の魅力の尺度については、Marin and de Maya（2013）の Identity attractiveness を参考にし、弁護士との類似性の尺度は、Netemeyer et al.（2012）を参考にした。追加変数の基本統計量は、**表 5.4** の通りである。

(3)　結果

職業アイデンティフィケーションの連鎖のモデルにおいて、顧客の弁護士へのアイデンティフィケーションの形成要因として弁護士の魅力と弁護士との類似性の二つの変数を追加したところ、**図 5.5** の結果となった。弁護士の顧客志向は、顧客の弁護士へのアイデンティフィケーションの形成要因とはならず（H3'）、弁護士の職業アイデンティフィケーション（H1'：$\beta=0.316$，$p<0.001$）、弁護士の魅力（H4'：$\beta=0.269$，$p<0.001$）、弁護士との類似性（H5'：$\beta=0.436$，$p<0.001$）が、形成要因として影響を与えている。

しかし、定性調査では顧客に影響を与えていると思われる弁護士の顧客志向が、有意に出なかったうえ、RMSEA が 0.115、CFI が 0.852 で適合度がよくない。そのため、ライバルモデルとして、**図 5.6** を検証した。この結果から、弁護士の顧客志向は、顧客の弁護士へのアイデンティフィケーションではなく、顧客の弁護士へのロイヤルティの形成要因になっている（H2"：$\beta=0.832$，$p<0.001$）ことが分かる。弁護士の職業アイデンティフィケーション（H1"：β

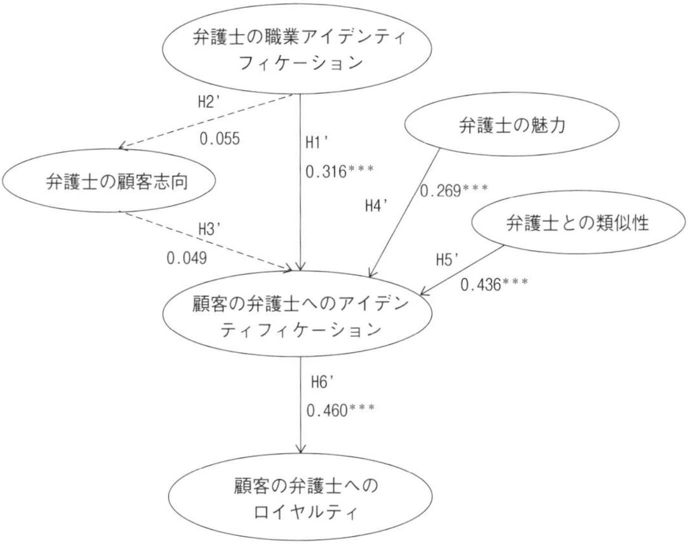

図 5.5　分析結果 3

Notes：*$p<0.05$, **$p<0.01$, ***$p<0.001$; $R2=0.997$; RMSEA=0.115; CFI=0.852; n=1000

=0.315, $p<0.001$)、弁護士の魅力（H2"：$\beta=0.280$, $p<0.001$)、弁護士との類似性（H2"：$\beta=0.436$, $p<0.001$）から顧客の弁護士へのアイデンティフィケーションへの影響も、すべて統計的に有意であった。適合度は RMSEA が 0.098、CFI は目安である 0.9 以下ではあるものの、0.893 に上昇した。

先行研究では、顧客の会社アイデンティフィケーションが、顧客の会社へのロイヤルティの先行要因の一つとなること（Homburg et al., 2009；Marin and de Maya, 2013)、また、顧客満足ではなく顧客の会社へのアイデンティフィケーションを高めることが長期的ロイヤルティにつながること（Haumann et al., 2014）が指摘されていた。しかし、リーガル・サービスにおいては、顧客のロイヤルティ獲得を目的に考えると、顧客の会社アイデンティフィケーションを上げようとする努力は効果が望めないという結果となった。

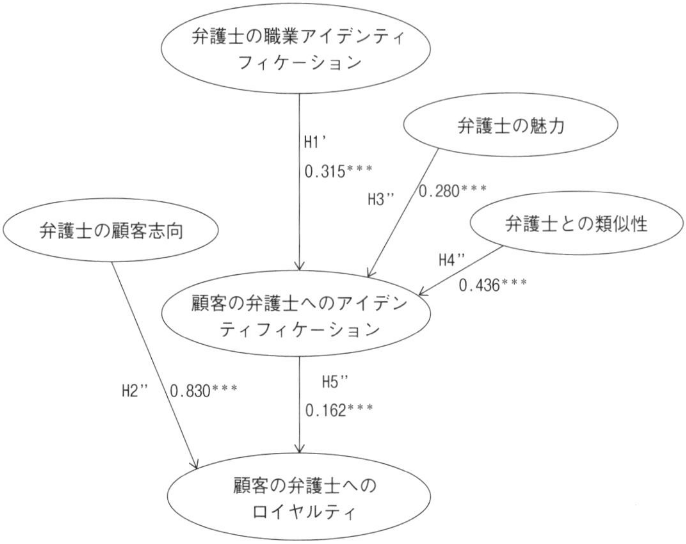

図 5.6　分析結果 4

Notes：*p＜0.05, **p＜0.01, ***p＜0.001; R2=0.999; RMSEA=0.098; CFI=0.893; n=1000

5. 調査の小括

ビジネス法務を扱うリーガル・サービスの顧客に対する調査の結果、本章第3節(1)で設定した仮説のうち、調査モデル A では、事務所の顧客志向が顧客の事務所アイデンティフィケーションを高める（H7）、顧客の事務所アイデンティフィケーションが顧客の事務所アイデンティフィケーションを高める（H8）という二つの仮説が有意にならず、弁護士の事務所アイデンティフィケーションが顧客の事務所アイデンティフィケーションを高める（H5）という仮説は、統計的有意であったが、比較的 0.074 という低い係数であった。弁護士数が 30 名以上の比較的大きな事務所の場合は、H5 の影響が有意にならなかったことから、会社アイデンティフィケーションの連鎖は有効に機能しているとはいえない。定性調査によって、導いた推論がデータからも実証されたことになる。

一方、職業アイデンティフィケーションの連鎖（H1 ～ H4）は、弁護士の職業アイデンティフィケーションから弁護士の顧客志向への影響がマイナスで有意であった以外はプラスに影響しており、弁護士の職業アイデンティフィケーションが顧客の弁護士へのアイデンティフィケーションを高め、そこから顧客の弁護士へのロイヤルティと事務所へのロイヤルティを獲得していることが分かった。リーガル・サービスでは、顧客に事務所アイデンティフィケーションを持たせてロイヤルティを上げることは難しく、職業に同一化するプロフェッショナルへのアイデンティフィケーションを高めることが顧客の弁護士および事務所へのロイヤルティの獲得につながっている。これまでの研究では、ロイヤルティの獲得には会社アイデンティフィケーションが機能することが検証されてきたわけであるが、リーガル・サービスにおいて従業員の職業アイデンティフィケーションを考慮しなければいけない場合には、会社アイデンティフィケーションの連鎖よりむしろ職業アイデンティフィケーションの連鎖の方が有効に機能しており、そこからロイヤルティを獲得できるということが分かった。

また、調査モデルBでは、定性調査で指摘された顧客の弁護士へのアイデンティフィケーションの形成要因のうち、弁護士の魅力と弁護士の類似性を追加して分析したところ、弁護士の顧客志向は顧客の弁護士へのアイデンティフィケーションではなく、顧客の弁護士へのロイヤルティに直接影響していることが分かった。顧客の従業員へのロイヤルティは顧客の会社へのロイヤルティに正の影響がある（Palmatier et al., 2007）とされ、定性調査においても、弁護士へのロイヤルティが、弁護士がその事務所に在籍する限りにおいて、事務所へのロイヤルティに影響を与えていた。結果、リーガル・サービスにおいて顧客のロイヤルティを獲得するための有効なVPCは**図5.7**のような構造になる。

サービス・トライアングル（Zeithaml et al., 2013, p. 317）では、インタラクティブ・マーケティングでサービス提供者である従業員が、顧客との約束を実現できるよう、それを喜んでするようになるためには、インターナル・マーケティングで会社のマネジメントが情報や教育や報酬等に携わることが非常に重要で、失敗すれば顧客は満足せずに徐々に離れていくため、その会社は成功しないとされている。顧客にサービスを届けるために、会社とサービス提供者との関係性が重要であることを指摘しているものであるが、本調査の結果から、リー

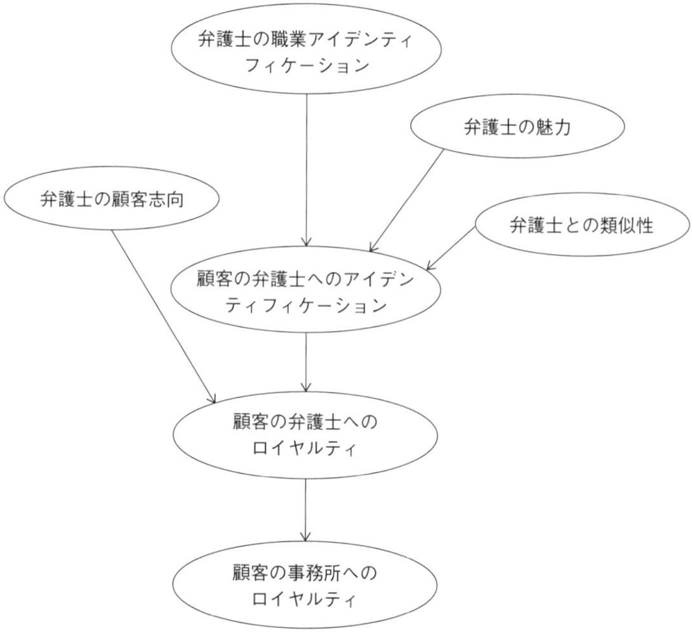

図 5.7　リーガル・サービスにおける顧客ロイヤルティ獲得のための VPC

ガル・サービスにおいて、顧客ロイヤルティを得るためには、会社のリソースをもとにしたインターナル・マーケティングの影響ではなく、サービス提供者であるプロフェッショナルの職業アイデンティフィケーションや、プロフェッショナル本人の魅力、プロフェッショナルとの類似性から形成されるプロフェッショナルへのアイデンティフィケーション、そして顧客志向が大きく影響しているということがわかった。これは、Heskett の VPC（Heskett et al., 2003）や Homburg の拡張型 SPC（Homburg et al., 2009）と異なる、新しい指摘である。

第6章
総括

1. 本研究のまとめと考察

(1) 定性調査・定量調査の結果

組織アイデンティフィケーションを考慮したVPCにおいて、プロフェッショナル・サービスの一つであるリーガル・サービスで職業アイデンティフィケーションの影響を加味したところ、これまでの研究結果と異なる結果が導き出された。リサーチ・クエスチョンとした、プロフェッショナルの職業アイデンティフィケーションの影響を受けたプロフェッショナル・サービスのVPCの構造について確認していく。

定性調査では、先行研究で検証がされていた会社アイデンティフィケーションの連鎖について、弁護士の事務所アイデンティフィケーションが顧客の事務所へのアイデンティフィケーションに、さらに顧客の事務所へのロイヤルティに影響を与えているという連鎖は確認できなかった。弁護士は、事務所に高いアイデンティフィケーションを持っていることがうかがえた。顧客は事務所から提供される情報を有意義だと感じており、事務所の持つネットワークや調査力などを好意的に認識していた。にもかかわらず、顧客は、個々の事務所のアイデンティティを弁別できていない、あるいは積極的に認識しようとしていないことがうかがえた。特に大規模事務所の場合、弁護士を通してそのアイデンティティを識別できておらず、弁護士の事務所アイデンティフィケーションから顧客の事務所アイデンティフィケーションへの影響は確認できなかった。事務所と会社の関係性の長さによって事務所のロイヤルティに影響はあるが、実は消極的な理由であり、この事務所がベストかはわからないが、使い続けた方が楽であり、他に乗り換えるリスクが高いと感じているということが分かった。スイッチング・コストが要因であるため、事務所アイデンティフィケーションが事務所へのロイヤルティに影響するという点も、確認できなかった。

次に、職業アイデンティフィケーションの連鎖については、弁護士は顧客との直接の関係性の中で積極的に職業に関する姿勢や考えを表現しており、それにより顧客には弁護士への一体感、つまり弁護士へのアイデンティフィケーションが生まれ、弁護士へのロイヤルティにつながっていた。顧客にとって弁護士と事務所では、弁護士の方が近位にあり顕現性も高くなるため、弁護士にアイデンティフィケーションを感じ易くなっているといえる。顧客は、弁護士が自分や自分の会社にとって有益かどうか、仕事の進め方や軽い会話を通して、弁護士の顧客志向、価値観の類似、人間的な魅力を積極的に見極めようという姿勢があり、条件がそろえば、顧客の弁護士へのアイデンティフィケーションやロイヤルティにポジティブに影響を与えている。事務所へのロイヤルティは、自社に詳しい弁護士がいるからという理由で、事務所へのアイデンティフィケーションからではなく、弁護士へのロイヤルティから獲得しているため、弁護士が移籍してしまえば顧客は弁護士に追従し、結果事務所は弁護士と顧客の両方を失うことになる。

このように、定性調査からは事務所アイデンティフィケーションの連鎖は確認できず、職業アイデンティフィケーションの連鎖が機能していることがわかった。しかし、インタビューでは各要因が直接間接にどう影響しているか、その関係性があいまいである。そのため、拡張型SPC（Homburg et al., 2009）をもとに、定性調査での職業アイデンティフィケーションの影響を考慮したモデルでの検証を行った（モデルA）（**図 5.1**）。結果は、顧客の事務所アイデンティフィケーションから顧客の事務所へのロイヤルティへの影響が統計的に有意にならず、会社アイデンティフィケーションの連鎖は機能していない。規模が大きくなるとその傾向は顕著になり、弁護士の事務所アイデンティフィケーションから顧客の事務所アイデンティフィケーションへ、そこから顧客の事務所へのロイヤルティへの影響については、どちらも統計的有意にならなかった（**図**

5.4)。一方、弁護士の職業アイデンティフィケーションから顧客の弁護士へのアイデンティフィケーション、そして顧客の弁護士へのロイヤルティ、さらには、顧客の事務所へのロイヤルティへという流れでポジティブな影響が出ていることが確認できた。ただし、拡張型SPCで指摘されている、顧客志向が弁護士のアイデンティフィケーションと顧客のアイデンティフィケーションを媒介するという点については、予測と異なり、弁護士の職業アイデンティフィケーションから弁護士の顧客志向にマイナスに有意になってしまった。これは、弁護士の職業アイデンティフィケーションは職業倫理が背景にあるため、弁護士が顧客の思い通りにならない可能性があるため、弁護士の職業アイデンティフィケーションが高いと顧客志向を低く感じるようになる。

そこで、確認できた職業アイデンティフィケーションの連鎖に、定性調査から分かった弁護士の魅力と弁護士との類似性の変数を追加して検証した（モデルB）ところ、顧客志向は弁護士の職業アイデンティフィケーションと顧客の弁護士へのアイデンティフィケーションを媒介しているわけではなく、顧客の弁護士へのロイヤルティに直接影響を与えていることが分かった。ここから、リーガル・サービスのVPCは、弁護士の職業アイデンティフィケーション、弁護士の魅力、弁護士との類似性が形成要因となって顧客の弁護士へのアイデンティフィケーションを生むこと、弁護士の顧客志向と顧客の弁護士へのアイデンティフィケーションが顧客の弁護士へのロイヤルティを高め、さらには顧客の事務所へのロイヤルティを高める、という構図（**図5.7**）であることを確認できた。

BtoBのリーガル・サービスにおいて、顧客に事務所などの組織に対するアイデンティフィケーションを持たせてロイヤルティを上げることは難しい。事務所が顧客のロイヤルティを確保するためには、まず、弁護士の職業アイデンティフィケーションを尊重して、それを毀損しないよう弁護士としての仕事への理解やサポートを充実させることが求められる。そして、弁護士に魅力を感じる顧客、弁護士と類似性を感じる顧客をターゲットにし、そういう顧客を大事にする姿勢や、弁護士へのアイデンティフィケーションを認知させるような対策が重要となる。

マネジメントとしては、当然、事務所へのロイヤルティを獲得したいはずである。定量調査で行った「もし、あなたが仕事を依頼した弁護士が独立または移籍することになった場合、今後はどうしますか」という質問に対し、56.2%が「その弁護士に継続して依頼する」と回答している。「元の法律事務所の別の弁護士に依頼する」と回答した人は23.5%にとどまり、16.7%は「全く別の弁護士を探す」としている。弁護士へのロイヤルティから事務所へのロイヤルティを獲得できるとはいえ、弁護士へのアイデンティフィケーションが高ければ、弁護士が移籍する場合に、弁護士と顧客の同時離反が高い確率で起こってしまうことになる。

そのため、顧客の事務所へのロイヤルティが職業アイデンティフィケーションの連鎖から生まれるとしても、弁護士を辞めさせない、つまり弁護士のリテンションに注意することが必要で、そのためには、弁護士の事務所アイデンティフィケーションを高めることも無視できない。先行研究や定性調査からは、会社の組織風土や会社との類似性が従業員の会社アイデンティフィケーションを上げることがわかっている。また先行研究から、会社アイデンティフィケーションは離職意図を下げることが指摘されているため、リーガル・サービスにおいても、事務所にとって必要な人材の会社アイデンティフィケーションを上げることは、結果的に事務所への収益、成長につながることになる。

(2) ディスカッション

定性・定量二つの調査より、リーガル・サービスでは、会社アイデンティフィケーションの連鎖ではなく、職業アイデンティフィケーションの連鎖が働き、顧客ロイヤルティの獲得につながっていることが分かった。プロフェッショナルは職業アイデンティフィケーションを持つというところから、本研究は始まっているが、独立性や専門性が高く、資格を持つプロフェッショナルは、個々に活動ができるにも関わらず、さまざまな利点や相乗効果を求めて組織を作る。法律事務所、会計事務所、総合病院などがその例である。職業アイデンティフィケーションを持つ上に、組織に所属した場合、会社アイデンティフィケーションも同時に持つことになる。しかし、顧客と対峙するとき、プロフェッショナルは、自身のプロフェッショナルとしてのアイデンティティを強調し、組織に所属していることによるアイデンティティについては多くを表現しない。アイデンティフィケーションを導くには、中心的（central）で、特異的（distinctive）で、連続的（enduring）な特徴に対する知覚された好ましさ（perceived favorability）が必要となる（Albert and Whetten, 1985）。そのため、プレステージや風土が好ましいという知覚、自己との類似性、などがアイデンティフィケーションの形成要因となる。プロフェッショナルとしては、顧客に誇示したいのは、組織の特徴ではなく、自己のプロフェッショナルとしての特徴になる上、顧客にとっては弁護士のアイデンティティの方が事務所のアイデンティティよりも近位で顕現性があるため、職業アイデンティフィケーションの連鎖がメインの VPC となる。その一方で、会社アイデンティフィケーションの連鎖は機能しづらくなる。

機能していないからといって、従業員や顧客の会社アイデンティフィケーションを考慮しなくてもよいとはいえない。従業員の会社アイデンティフィケーションが低いということは、会社のアイデンティティに同調できず、自分にとって好ましいと認識していないことが背景にある。会社アイデンティフィケーションが高ければ、離職意図が低くなることは、先行研究でも指摘されている（Bamber and Iyer, 2002；van Dick et al., 2004；Mishra, 2013）ところである。会社は、有能な人材の離職を引き留めなければならず、顧客に顕現性があるかないかに関わらず、従業員の会社アイデンティフィケーションを高めることは、新規人材の獲得コストや教育コストを下げる意味でとても重要である。その上プロフェッショナル・サービスでは、プロフェッショナルが組織を離れるとき、彼らは一緒に顧客という貴重な収益源を持ち去る可能性を指摘されており、従業員とともに顧客が離反することがある（Coff, 1997；Walsh and Gordon, 2010；Strandberg et al., 2015）ため、より重要度が増す。従業員の離職意図を下げるのは情緒的コミットメント（Lam and Liu, 2014）であるという指摘がある。情緒的コミットメントは、組織アイデンティフィケーションと離職の間の負の関係を媒介している（Stinglhamber et al., 2015）ため、マネジメントとしては、従業員の職業アイデンティフィケーションを高めると同時に、プロフェッショナルが辞めて顧客の離反を起こさないよう、従業員の会社アイデンティフィケーションを高め、リテンションを上げることも同時に重要である。

これらを踏まえると、プロフェッショナル・サービスの VPC を**図 6.1** のように想定することができる。左側は顧客のロイヤルティ獲得のモデル（**図 5.7**）であり、右側はプロフェッショナルのロイヤルティ獲得の流れである。プロフェッショナルの職業アイデンティフィケーションと会社アイデンティフィケーションの両方を考慮することで、プロフェッショナルへのアイデンティフィケーションから顧客のロイヤルティを、プロフェッショナルは会社アイデンティフィケーションを通じてロイヤルティを獲得することで、収益や成長につながっていくと考えられる。

本研究は、プロフェッショナル・サービスの VPC を探求することが目的であった。全体像を明らかするには、さらなる調査が必要であることは承知しているが、その第一歩として、顧客のロイヤルティ獲得のモデルの解明を行った。ただし、組織の収益や成長には、顧客のロイヤルティだけでなく、収益をもたらすプロフェッショナルのロイヤルティを高めることが必要である。プロフェッショナルの持つアイデンティフィケーションの形成要因や影響については、今回定量調査の分析では考慮していないため、形成要因として指摘されている会社のプレステージや企業風土、また従業員のロイヤルティに影響があると考えられる情緒的コミットメントや功利的コミットメントなどについては、今後プロフェッショナル側により詳しい調査を行い、検証していかなければならない。

本調査では、BtoB のリーガル・サービスという限定されたプロフェッショナルを対象としており、プロフェッショナル・サービスの VPC がすべて**図 6.1** のようになると断言することはできない。しかし、弁護士という職業はプロフェッショナルの中でもさまざまな定義の中心に来る職業であること、職業アイデンティフィケーションを考慮した VPC としては最初の指標であること、この 2 点を踏まえて、まずはこのモデルを、プロフェッショナル・サービスにおける収益・成長のための構造のファーストステップとして提起する。今後、さまざまな職業、サービスにおいて、この職業アイデンティフィケーションの影響を考慮して VPC を考えることで、より詳しく組織の収益や成長につながる仕組みが解明できると考える。

当初の問題意識は、「プロフェッショナル・サービスのマーケティングは一般的なサービス業と違うのだろうか？違うとすればどのように違うのだろう

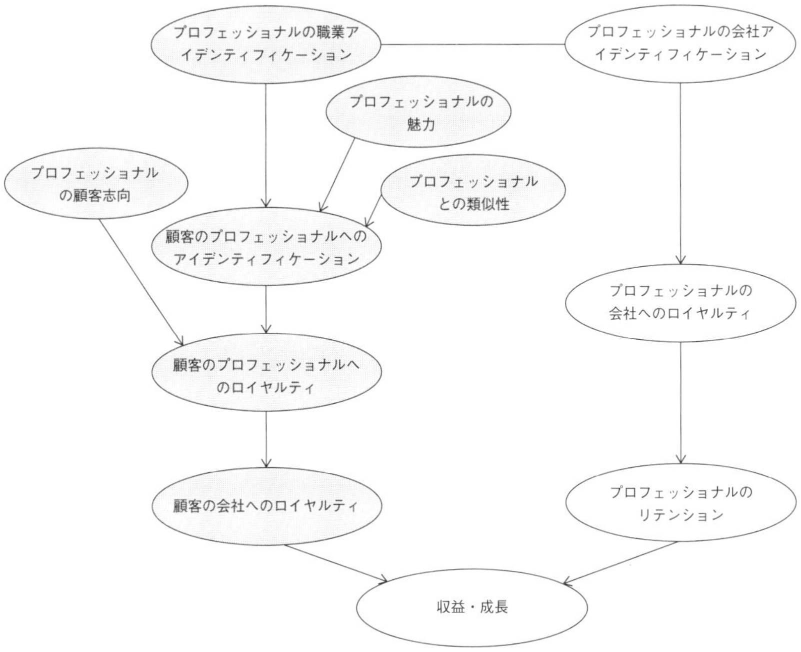

図 6.1　プロフェッショナル・サービスの VPC

か？」というものであった。その問題意識に対しての答えは次の通りである。プロフェッショナル・サービスのマーケティングは、一般的なサービスと比較して、より複雑な構造を持っている。その意味で、一般的なサービス業と異なるということもできるが、全く異なる構造を持つのではない。一般的なサービスのマーケティングが参考にならないわけではなく、それを理解し、プロフェッショナルの特徴をとらえてさらに発展させる必要がある。プロフェッショナルは、既存のサービスと一線を画す排他的態度を改め、これまでの組織論、マーケティング論で議論されてきた研究を思料してマネジメントを考える姿勢を持つべきであろうし、プロフェッショナル・サービスの研究者は、プロフェッショナルへの関心が高まるなか、その成功モデルからの学びを傾聴し、サービス全体へ適用する可能性を模索すべき時期なのではと考える。

2. 本研究の意義と貢献

(1) 学術的な貢献

先行研究では、組織アイデンティフィケーションについて、組織論とサービス・マーケティング論の両分野で研究が進められてきた。組織論においては、従業員の持つアイデンティフィケーションがどのように形成され、どのような影響をもたらすか、サービス・マーケティング論においては、顧客がどのようなアイデンティフィケーションを持ち、どのような影響をもたらすかに焦点があてた研究が行われている。人はさまざまな対象に多重に同一化することができ、その構造は、入れ子構造や横断的構造を持つ（Ashforth and Johnson, 2001）。従業員が複数のアイデンティフィケーションを持ち、お互いにポジティブにもネガティブにも影響しあうという視点の研究が近年多くなっており、例えば、所属する組織とのアイデンティフィケーションと職業アイデンティフィケーション（Bartels et al., 2010 他）、多国籍企業へのアイデンティフィケーションと現地法人へのアイデンティフィケーション（Smale et al., 2015 他）、合併前の会社へのアイデンティフィケーションと合併後の会社へのアイデンティフィケーション（Lupia-Wegener et al., 2014 他）などがある。しかし、顧客側が複数のアイデンティフィケーションを持つという視点の研究はまだほとんどされていない。

またプロフェッショナル・サービスについては、組織内で職業アイデンティフィケーションがどのように形成され、何に影響を与えているのかについての先行研究がある（Bamber and Iyer, 2002；Loi et al., 2004）が、プロフェッショナルの職業アイデンティフィケーションが顧客にどのような影響を与えているのか、顧客のプロフェッショナルへのアイデンティフィケーションやプロフェッショナルへのロイヤルティがどのような仕組みになっているか、についてはこれまで解明されていなかった。

学術的な意義・貢献の一つめは、リーガル・サービスの VPC では、顧客のロイヤルティを得るために、会社アイデンティフィケーションの連鎖ではなく、職業アイデンティフィケーションの連鎖が機能していることが実証された点である。弁護士の職業アイデンティフィケーションにより顧客は弁護士へのアイデンティフィケーションを高め、弁護士へのロイヤルティに、そしてそこから事務所へのロイヤルティに影響を与えている。これは従来の研究では明らかになっていない新しい指摘である。これまで、サービスのフロントラインにいる従業員と顧客の関係において、会社へのアイデンティフィケーションの連鎖が起きているという研究がされてきたが、プロフェッショナル・サービスの場合のVPCの構造はより複雑であり、会社アイデンティフィケーションの連鎖でなく、職業アイデンティフィケーションの連鎖が機能しているという可能性を指摘できた。

これまでは、従業員の会社アイデンティフィケーションを上げることで、顧客の会社アイデンティフィケーションも高くなり、ロイヤルティを獲得できるという一連の流れでしか指摘されていなかったわけであるが、従業員に複数のアイデンティフィケーションがあることを考慮すれば、VPCは複雑化することが考えられる。サービス提供者である従業員が何に同一化しているのか、どのアイデンティティを強く顧客に伝えようとしているのか、顧客は従業員のどのアイデンティティを知りたいと感じているのか、そういった視点を加味してVPCを考えなければ、顧客ロイヤルティの獲得は難しくなるだろう。従業員の職業アイデンティフィケーションに影響を受けて、顧客に従業員へのアイデンティフィケーションが生まれることがロイヤルティに影響していたが、他のサービス業では従業員が持つ別のアイデンティフィケーションから影響を受けることもあるだろう。いずれにしても、顧客も複数のアイデンティフィケーションを持つことを考慮してVPCを考えるべきと考える。

学術的貢献の二つめは、プロフェッショナル・サービスのVPCの構造を新たに提起した点である。リーガル・サービスにおいて、顧客のロイヤルティは、顧客の弁護士へのアイデンティフィケーションにより獲得していた。顧客の弁護士へのアイデンティフィケーションを高めるには、一つの方法として弁護士の職業アイデンティフィケーションを上げればよいのだが、リーガル・サービスのVPCを考える上で、それだけでは不十分である。弁護士のロイヤルティを確保してリテンションを上げ、弁護士・顧客の同時離反を防がなければならないという点も考慮しなければならない。そのため、弁護士の事務所へのアイデンティフィケーションを育てることも無視できない。つまり、VPC が機能して最終的な事務所の収益や成長につなげるためには、弁護士の職業アイデンティフィケーションと会社アイデンティフィケーションの双方が必要となる構造になっている。

当然これをプロフェッショナル・サービスの VPC であると断言することはできないが、少なくとも、今後の研究の起点となる。従業員の会社アイデンティフィケーションは、離職意図とマイナスの相関があるという点は、先行研究でも指摘されている。プロフェッショナルの会社へのアイデンティフィケーションの形成要因や結果については、プロフェッショナルに対してのさらなる調査が必要とされるものの、プロフェッショナル・サービスで収益や成長を追求する際に、顧客の会社へのロイヤルティとプロフェッショナルのリテンションの両方が重要で、それには、プロフェッショナルの職業アイデンティフィケーションと会社アイデンティフィケーションが鍵概念になる可能性を指摘できたことを学術的な貢献として挙げておく。

(2) 実務的な貢献

実務的な貢献を３点挙げたい。一つめは、プロフェッショナル・サービス従事者に向けて、顧客のロイヤルティを獲得する仕組みを提示したことである。プロフェッショナル・サービスに限った話ではないが、ビジネスの継続には、既存の顧客に長期にわたりロイヤルティを継続してもらうことが、重要な課題の一つである。長期的ロイヤルティを獲得できるはずであった会社アイデンティフィケーションは、プロフェッショナル・サービスにおいては機能せず、顧客はプロフェッショナル本人に同一化し、プロフェッショナルへのロイヤルティを高め、結果的に会社のロイヤルティも獲得できるという構造になっていることは、顧客へのアプローチの再検討を促すと考える。プロフェッショナル・サービスの経営者は、プロフェッショナル本人が行っている場合も多い。プロフェッショナルの特徴を理解している反面、プレーヤーとしても活躍しつつ経営をするため、経営戦略やマーケティング戦略に不安を抱える経営者も多い。本書では、具体的なマーケティング手法については言及していないものの、顧客ロイヤルティ獲得の道筋を提示したことは、そのような経営者への一助となる。

調査では、職業アイデンティフィケーションの連鎖により、顧客のプロフェッショナルへのロイヤルティと同時に事務所へのロイヤルティも上がっていたことから、会社アイデンティフィケーションに連鎖が起きていない状況下で、まずは、優秀なプロフェッショナルを雇い、プロフェッショナルは、顧客をターゲティングし、その顧客が魅力を感じるようなプロフェッショナルである姿勢を見せることで、顧客のロイヤルティを確保できる。プロフェッショナルと顧客の価値観が類似していることが同一化の形成要因となるため、顧客の価値観を把握してプロフェッショナルが対応するのか、プロフェッショナルの価値観を受容する顧客を選択するかのどちらかになる。事務所は、雇用するプロフェッショナルに対し、顧客ロイヤルティの獲得の要因を教育し、そのプロフェッショナルが離反しないような対策を講じればよいということになる。

二つめは、プロフェッショナル・サービスにおける人的資源管理について、その前提を提示した点である。検証したのは顧客ロイヤルティ獲得のモデルであるが、組織内に目を向ければ、顧客をつなぎとめる力を持つプロフェッショナルが、キーパーソンであることがわかる。組織の収益や成長の源となるプロフェッショナルの退職は、顧客の離反という組織にとってダイレクトにマイナスの影響が出ることになる。退職の理由はさまざまであろうが、組織と自身の方向性や価値観が合わなくなってきたと感じたり、プロフェッショナルとしての職務を遂行するためのサポートや理解が得られないと感じたりすることも一因となる。プロフェッショナルの会社アイデンティフィケーションを高めることは、顧客には効果がないとしても、プロフェッショナルのリテンション維持には必要となると考える。逆に、組織がプロフェッショナルの職業アイデンティフィケーションを毀損したり軽視したりすれば、会社アイデンティフィケーションは下がってしまうであろう。そのため組織は、プロフェッショナルの会社アイデンティフィケーションを高めても顧客に影響しないということを踏まえてもなお、プロフェッショナルのリテンションのためには、組織の魅力的なアイデンティティを構築し、組織と価値観が類似する人を雇用し、サポートや理解を表明して職業アイデンティティを尊重する姿勢を持つ等に注意を払い、会社アイデンティフィケーションを上げる努力が必要であると考える。

また、プロフェッショナルがサービスを提供する場合に、顧客にどのような影響があるのか、顧客のロイヤルティはどのように構築されるのか、そのモデルを提示できたことは、プロフェッショナル・サービスの経営者のみならず、採用担当者、マーケター、そして何より、プロフェッショナル本人への有益な情報になると考える。プロフェッショナルの採用担当者や教育担当者は、会社アイデンティティを魅力的に伝え、同一化する可能性のある人を採用して、辞めさせないようにすることを意識するとよいだろうし、マーケターは、会社のアイデンティティよりも、プロフェッショナルのアイデンティティを際立たせて顧客に伝えることを意識するとよいだろう。そして、プロフェッショナル本人は、自身の職業アイデンティティを分析し、その特徴や価値観に、魅力や類似性を感じてくれる顧客をターゲット顧客とすれば、再購買・再依頼の確率が上がり、口コミから新規顧客にもつながるだろう。本モデルを理解した上で、適切な人材を、適切な条件で雇用し、適切な役割を与えることで、収益や成長につながると考える。

実務的貢献の三つめは、本書で提起したモデルが、他のサービスや社内にいるプロフェッショナル集団に適用できる可能性がある点である。プロフェッショナル意識の高い従業員が顧客との接点にいる場合、顧客は、職業アイデンティフィケーションの連鎖により従業員と会社両方へのロイヤルティを高めるという可能性を認識しておくとよい。従業員の会社アイデンティフィケーションと職業アイデンティフィケーションを、コンフリクトを起こさずに両方高めることができれば、リーガル・サービスでの構造と同様に、従業員のリテンションと顧客のロイヤルティを獲得して収益や成長にポジティブな影響を与えることができるかもしれない。

近年、プロフェッショナルへの興味関心の高まり、従業員のプロフェッショナル化などが話題になっているにも関わらず、プロフェッショナル・サービスに関する調査はまだ限られたものしかない。本書により、プロフェッショナル・サービスだけでなくそれ以外の企業が、プロフェッショナル・サービスのVPC構造を研究し取り入れて、収益・成長につなげる一つの契機となることを期待する。

3. 本研究の限界と今後の課題

本研究の限界と課題を3点挙げる。一つめはリーガル・サービスからプロフェッショナル・サービスへの適用の点である。本調査は、プロフェッショナル・サービスの代表的な職業の一つとして弁護士を取り上げ、ビジネス法務を中心とするリーガル・サービスにおいて、定性調査と定量調査から明らかになったものであり、今後、弁護士以外の職業や、リーガル・サービス以外のプロフェッショナル・サービスでの定量調査を行い、より広範囲のプロフェッショナル・サービスにおいても同様の構造が認められるか検証することが待たれる。より伝統的なプロフェッショナルを選択したことで、プロフェッショナル全般への汎用可能性を残したものの、あくまで可能性でしかないという点は、本研究の限界である。

二つめは、サンプルに関する点である。今回の定量調査では、弁護士のアイデンティフィケーションに顧客の知覚という代理変数を利用しており、弁護士のアイデンティフィケーションそのものと同一であるという仮定で検定を行ったが、同一視してよいのかという点については課題が残る。顧客の知覚を利用している文献が他にもあるとはいえ、本来は、弁護士のアイデンティフィケーションは弁護士への質問として計測するべきであろう。しかし、伝統的プロフェッショナルで、しかもBtoBの場合は、店頭で顧客を呼び止めて調査に応じてもらうような手法は困難であるし、プロフェッショナルがクライアントの開示に難色を示すことも容易に想像がつく。今回はより伝統的なプロフェッショナルからサンプルを取得することで汎用性を高めることを念頭に置いたが、データの取得方法については本研究の限界であり今後の課題として明記しておく。定性調査においても、依頼関係のある弁護士と顧客の両方からの聞き取り調査ができれば、関係性がより顕在化したはずである。そのため今後、従業員のアイデンティフィケーションには顕現性があり、それを顧客は知覚できるという点についての検証を進めるか、依頼関係のあるプロフェッショナルと顧客にダイアディックな調査を実施する方法を模索する必要があろう。

三つめは、VPCモデルの変数に関する点である。本研究で提示したプロフェッショナル・サービスのVPCは、Homburg et al.（2009）のモデルを修正する形で導出を試みたものである。先行研究で指摘されている各アイデンティフィケーションやロイヤルティの形成要因や影響について、網羅して調査できたわけではなく、あくまで、アイデンティフィケーションに焦点をあてている。他の変数については、さらに詳しく変数を検討して確認していくことが求められる。

本研究で導いたリーガル・サービスでのVPCが、プロフェッショナル・サービスすべてに一般化できるわけではないが、これをプロフェッショナル・サービスのVPCモデルのベースとして、組織アイデンティフィケーション研究、プロフェッショナル・サービス研究がさらに進展することを期待する。今後プロフェッショナル・サービスだけでなく、一般のサービス業においても、プロフェッショナルな集団を社内に構成しようとする場合や特定の職種をプロフェッショナルとして扱うような場合に、本研究が一助となることを期待する。

あとがき

本書を執筆する発端となったのは、20年にわたるリーガル・サービスでの経験でした。大手の法律事務所でさまざまな部署を担当し、最後の6年間は広報マネージャーとして毎日試行錯誤の日々を送りました。特定の組織の長期にわたる事例研究をさせてもらったような期間で、大変貴重な体験をさせていただきました。

当時、日本の法律事務所では「マーケティング」という言葉が使えなかったことを懐かしく思い出します。マーケティングとは「売り込み」であり、プロフェッショナルとして社会正義を実現する崇高な使命をもって働いているわれわれには不要という弁護士が大半でした。「売り込み」をするのがマーケティングではないという理解を広めるために尽力しましたが、自分の力不足が原因であることに気づき、学び直しをする決断をしました。ちょうど東日本大震災が起こり、この先の人生をどう生きていくのか改めて考えさせられたことも影響しました。プロフェッショナルのマーケティングとはどうあるべきなのか、それを知りたくてビジネススクールの門戸を叩きました。

入学したのは青山学院大学大学院国際マネジメント研究科（青山ビジネススクール、通称ABS）でした。子育てをしながらの学業でしたが、ビジネスに関する知識のインプットは本当に楽しく、あっという間に2年間が過ぎMBAを取得しました。そのまま博士課程に進み、プロフェッショナル・サービスにおいて顧客との効果的な関係構築とは何かを考え続けた結果が本書になっています。

執筆にあたっては、ABSの多くの先生方にお世話になりました。特に黒岩健一郎教授、須田敏子教授、宮副謙司教授、細田高道教授、森田充教授からのご指導がなければ、本書は完成しませんでした。その他たくさんの先生方に見守っていただき、時折声をかけていただき、激励を頂戴しました。ABSの皆様のご指導およびサポートに心から感謝を申し上げます。また、東京都立大学の高尾義明教授、青山学院大学の川又啓子教授、明治学院大学の林祥平准教授にも貴重なコメントをいただきました。さらに、研究の過程でインタビューにご協力いただいた皆様を含め、多くの弁護士やビジネススクールの仲間からも協力とサポートをいただきました。心からのお礼を申し上げます。

本書の刊行にあたっては、千倉書房の川口理恵氏に大変なお力添えをいただきました。読者視点で読みやすくなるよう多くのアドバイスを頂戴しました。本書が世に出ることができたのも川口氏のおかげです。感謝致します。

時代の変化のスピードは年を追うごとに早まり、組織の形態も人々の意識も変化しています。2022年は特にブロックチェーンを活用した世界が大きく動きました。それに伴い新しいコミュニティの存在としてDAO（分散型自立組織）が注目を集め、企業や消費者という概念が大きく変化しています。会社組織の一員ではなく個人のスキルでコミュニティを組成し、好きな働き方を選択できる時代の入り口にわれわれは立っており、その先では個人がプロフェッショナルとしての意識を持つことが要求されます。会社と顧客の境界線があいまいになる組織において、コミュニティ研究が今後重要になってくると考えています。いずれにしても大変興味深い時代であることは間違いありません。

最後に、いつも理解を示し応援してくれる家族に感謝を。

2022年12月

小谷　恵子

参考文献

Ahearne, M., Bhattacharya, C. B., and Gruen, T. (2005), Antecedents and consequences of customer-company identification: Expanding the role of relationship marketing, *Journal of Applied Psychology*, 90 (3), 574–585.

Alafi, K. K., Al-Qeed, M., and Alkayed, W. (2013), Prevalence and factors affecting employee satisfaction: The case of King Abdullah University Hospital in Jordan, *International Journal of Business and Management*, 8 (23), 40–48.

Albert, S. and Whetten, D. A. (1985), Organizational identity, *Research in Organizational Behavior*, 7, 263–295.

Allen, N. J. and Meyer, J. P. (1990), The measurement and antecedents of affective, continuance and normative commitment to the organization, *Journal of Occupational Psychology*, 63 (1), 1–18.

Anaza, N. A. (2015), Relations of fit and organizational identification to employee-customer identification, *Journal of Managerial Psychology*, 30 (8), 925–939.

Ashforth, B. E. and Johnson, A. S. (2001), Which hat to wear? The relative salience of multiple identities in organizational contexts, In book: *Social Identity Processes in Organizational Contexts*, Psychology Press, 31–48.

—— and Mael, F. A. (1989), Social identity theory and the organization, *The Academy of Management Review*, 14 (1), 20–39.

—— and Mael, F. A. (1996), Organizational identity and strategy as a context for the individual, *Advances in Strategic Management*, 13, 19–64.

Ashraf, R. and Merunka, D. (2013), The impact of customer-company identification on consumer reactions to new corporate initiatives, *Marketing Intelligence & Planning*, 31 (5), 489–507.

Bamber, E. M. and Iyer, V. M. (2002), Big 5 auditors' professional and organizational identification: Consistency or conflict?, *Auditing*, 21 (2), 21–38.

Bardon, T., Josserand, E., and Villesèche, F. (2015), Beyond nostalgia: Identity work in corporate alumni networks, *Human Relations*, 68 (4), 583–606.

Barker, R. (2010), No, management is not a profession, *Harvard Business Review*, 88 (7–8), 52–60.

Bartels, J., Peters, O., de Jong, M., Pruyn, A., and van der Molen, M. (2010), Horizontal and vertical communication as determinants of professional and organisational identification, *Personnel Review*, 39 (2), 210–226.

Becker, H. S. (1960), Notes on the concept of commitment, *American Journal of Sociology*, 66 (1), 32–40.

Bhattacharya, C. B., Rao, H., and Glynn, M. A. (1995), Understanding the bond of identification: An investigation of its correlates among art museum members, *Journal of Marketing*, 59 (4), 46–57.

—— and Sen, S. (2003), Consumer-company identification: A framework for understanding consumers' relationships with companies, *Journal of Marketing*, 67 (2), 76–88.

Billig, M. and Tajfel, H. (1973), Social categorization and similarity in intergroup behaviour, *European Journal of Social Psychology*, 3 (1), 27–52.

Bowie, N. E. (1985), Are business ethics and engineering ethics members of the same family?, *Journal of Business Ethics*, 4 (1), 43–52.

Boyt, T. E., Lusch, R. F., and Naylor, G. (2001), The role of professionalism in determining job satisfaction in professional services: A study of marketing researchers, *Journal of Service Research*: JSR, 3 (4), 321–330.

Brashear-Alejandro, T., Kang, J., and Groza, M. D. (2016), Leveraging loyalty programs to build customer-company identification, *Journal of Business Research*, 69 (3), 1190–1198.

Brown, S. (1996), Art or science?: Fifty years of marketing debate, *Journal of Marketing Management*, 12 (4), 243–267.

Brown, S. P. and Lam, S. K. (2008), A meta-analysis of relationships linking employee satisfaction to customer responses, *Journal of Retailing*, 84 (3), 243–255.

Buchanan II., B. (1974), Government managers, business executives, and organizational commitment, *Public Administration Review*, 34 (4), 339–347.

Callan, V. J., Gallois, C., Mayhew, M. G., Grice, T. A., Tluchowska, M., and Boyce, R. (2007), Restructuring the multi-professional organization: Professional identity and adjustment to change in a public hospital, *Journal of Health and Human Services Administration*, 29 (4), 448–477.

Cardador, M. T. and Pratt, M. G. (2006), Identification management and its bases: Bridging management and marketing perspectives through a focus on affiliation dimensions, *Journal of the Academy of Marketing Science*, 34 (2), 174–184.

Carmeli, A., Gilat, G., and Waldman, D. A. (2007), The role of perceived organizational performance in organizational identification, adjustment and job performance, *Journal of Management Studies*, 44 (6), 972–992.

Cheney, G. (1983), On the various and changing meanings of organizational membership: A field study of organizational identification, *Communication Monographs*, 50 (4), 342–362.

Coff, R. W. (1997), Human assets and management dilemmas: Coping with hazards on the road to resource-based theory, *The Academy of Management Review*, 22 (2), 374–402.

Conchar, M. (1998), Conceptual foundations for the professional services: Criteria for identification, a classification scheme and a definition, *American Marketing Association, Conference Proceedings*, 9, 253–261.

Cornelissen, J. P., Haslam, S. A., and Balmer, J. M. T. (2007), Social identity, organizational identity and corporate identity: Towards an integrated understanding of processes, patternings and products, *British Journal of Management*, 18, S1-S16.

Davenport, Thomas H.「『サービス・プロフィット・チェーン』が今なお重要である理由」2014年1月31日, *Harvard Business Review*, ウェブ記事。http://www.dhbr.net/articles/-/2370

Dutton, J. E., Dukerich, J. M., and Harquail, C. V. (1994), Organizational images and member identification, *Administrative Science Quarterly*, 39 (2), 239–263.

Elstak, M. N., Bhatt, M., van Riel, Cees B. M., Pratt, M. G., and Berens, G. A. J. M. (2015), Organizational identification during a merger: The role of self-enhancement and uncertainty reduction motives during a major organizational change, *Journal of Management Studies*, 52 (1), 32-62.

Evanschitzky, H., Groening, C., Mittal, V., and Wunderlich, M. (2011), How employer and employee satisfaction affect customer satisfaction: An application to franchise services, *Journal of Service Research*, 14 (2), 136-148.

Fisher, R. J. (1998), Group-derived consumption: The role of similarity and attractiveness in identification with a favorite sports team, *Advances in Consumer Research*, 25 (1), 283-288.

Frey, R., Bayón, T., and Totzek, D. (2013), How customer satisfaction affects employee satisfaction and retention in a professional services context, *Journal of Service Research*, 16 (4), 503-517.

Fuller, J. B., Hester, K., Barnett, T., Frey, L., Relyea, C., and Beu Ammeter, D. (2006), Perceived external prestige and internal respect: New insights into the organizational identification process, *Human Relations*, 59 (6), 815-846.

Gau, L. S., Gailliot, M. T., and Brady, M. (2007), A model examining relationships among team identification, sport spectators' motives, perceived service quality, and satisfaction, In *Sport Marketing Research across the Spectrum: Research from Emerging, Developing, and Established Scholars*, James, J. D. (Ed.), Fitness Information Technology, Inc., Morgantown, WV, USA. 81-97.

Gill, J. and Johnson, P. (2010), *Research Methods for Managers, 4th Edition*, SAGE Publications Ltd.

Grandey, A. A., Goldberg, L. S., and Pugh, S. D. (2011), Why and when do stores with satisfied employees have satisfied customers?: The roles of responsiveness and store busyness, *Journal of Service Research*, 14 (4), 397-409.

Gummesson, E. (1978), Toward a theory of professional service marketing, *Industrial Marketing Management*, 7 (2), 89-95.

—— (1981), The marketing of professional services, In Donnelly, J. H. and George, W. R. (Eds), *Marketing Services*, American Marketing Association, Chicago, IL, 08-120

Gwinner, K. and Swanson, S. R. (2003), A model of fan identification: Antecedents and sponsorship outcomes, *The Journal of Services Marketing*, 17 (3), 275-294.

Hall, R. H. (1968), Professionalization and bureaucratization, *American Sociological Review*, 33 (1), 92-104.

Hall, D. T., Schneider, B., and Nygren, H. T. (1970), Personal factors in organizational identification, *Administrative Science Quarterly*, 15 (2), 176-190.

Haumann, T., Quaiser, B., Wieseke, J., and Rese, M. (2014), Footprints in the sands of time: A comparative analysis of the effectiveness of customer satisfaction and customer-company identification over time, *Journal of Marketing*, 78 (6), 78-102.

He, H. and Li, Y. (2011), CSR and service brand: The mediating effect of brand identification and moderating effect of service quality, *Journal of Business Ethics*, 100 (4), 673-688.

Hekman, D. R., Bigley, G. A., Steensma, H. K., and Hereford, J. F. (2009a), Combined effects of organizational and professional identification on the reciprocity dynamic for professional employees, *Academy of Management Journal*, 52 (3), 506–526.

——, Steensma, H. K., Bigley, G. A., and Hereford, J. F. (2009b), Effects of organizational and professional identification on the relationship between administrators' social influence and professional employees' adoption of new work behavior, *The Journal of Applied Psychology*, 94 (5), 1325–1335.

Heskett, J. L., Jones, T. O., Loveman, G. W., Sasser, Jr., W. E., and Schlesinger, L. A. (1994, Mar), Putting the service-profit chain to work, *Harvard Business Review*, 72, 164–170.

——, Sasser, Jr., W. E., and Schlesinger, L. A. (2003), *The Value Profit Chain: Treat Employees Like Customers and Customers Like Employees*, Free Press.（山本昭二・小野讓司訳『バリュー・プロフィット・チェーン：顧客・従業員満足を「利益」と連鎖させる』日本経済新聞社，2004 年）

——, Sasser, Jr., W. E., and Wheeler, J. (2008), *The ownership quotient: Putting the service profit chain to work for unbeatable competitive advantage*, Harvard Business School Pr.（川又啓子・諏澤吉彦・福冨言・黒岩健一郎訳『OQ（オーナーシップ指数）―サービスプロフィットチェーンによる競争優位の構築』同友館，2010 年）

Hillman, R. W. (1998), Loyalty in the firm: A statement of general principles on the duties of partners withdrawing from law firms, *Washington and Lee Law Review*, 55 (4), 997–1040.

Hogg, M. A. and Abrams, D. (1988), *Social identifications: a social psychology of intergroup relations and group processes*, Routledge.（吉森護・野村泰代訳『社会的アイデンティティ理論：新しい社会心理学体系化のための一般理論』北大路書房，1995 年）

—— (2001), A social identity theory of leadership, *Personality and Social Psychology Review*, 5 (3), 184–200.

Homburg, C. and Stock, R. M. (2004), The link between salespeople's job satisfaction and customer satisfaction in a business-to-business context: A dyadic analysis, *Journal of the Academy of Marketing Science*, 32 (2), 144–158.

——, Wieseke, J., and Hoyer, W. D. (2009), Social identity and the service-profit chain, *Journal of Marketing*, 73 (2), 38–54.

Hrebiniak, L. G. and Alutto, J. A. (1972), Personal and role-related factors in the development of organizational commitment, *Administrative Science Quarterly*, 17 (4), 555–573.

Huang, M., Cheng, Z., and Chen, I. (2017), The importance of CSR in forming customer-company identification and long-term loyalty, *The Journal of Services Marketing*, 31 (1), 63–72.

Hunt, K. A., Bristol, T., and Bashaw, R. E. (1999), A conceptual approach to classifying sports fans, *Journal of Services Marketing*, 13 (6), 439–452.

Iyer, V. M., Bamber, E. M., and Barefield, R. M. (1997), Identification of accounting firm alumni with their former firm: Antecedents and outcomes, *Accounting, Organizations and Society*, 22 (3–4), 315–336.

Jeon, H. and Choi, B. (2012), The relationship between employee satisfaction and customer satisfaction, *The Journal of Services Marketing*, 26 (5), 332–341.

Johnson, M. D., Morgeson, F. P., and Hekman, D. R. (2012), Cognitive and affective identification: Exploring the links between different forms of social identification and personality with work attitudes and behavior, *Journal of Organizational Behavior*, 33 (8), 1142–1167.

——, Morgeson, F. P., Ilgen, D. R., Meyer, C. J., and Lloyd, J. W. (2006), Multiple professional identities: Examining differences in identification across work-related targets, *Journal of Applied Psychology*, 91 (2), 498–506.

Kang, J., Alejandro, T. B., and Groza, M. D. (2015), Customer-company identification and the effectiveness of loyalty programs, *Journal of Business Research*, 68 (2), 464–471.

Kelman, H. C. (1958), Compliance, identification, and internalization: three processes of attitude change, *Conflict Resolution*, 2 (1), 51–60.

—— (1961), Processes of opinion change, *Public Opinion Quarterly*, 25 (1), 57–78.

Kim, H., Lee, M., Lee, H., and Kim, N. (2010), Corporate social responsibility and employee-company identification, *Journal of Business Ethics*, 95 (4), 557–569.

Klatt, L. (1967), The professionalization of everyone, *Personnel Journal* (Pre-1986), 46 (000008), 508–522.

Koermer, C. D. and McCroskey, L. L. (2006), Sociality communication: Its influence on customer loyalty with the service provider and service organization, *Communication Quarterly*, 54 (1), 53–65.

Kolb, D. A. (1984), *Experiential Learning: Experience as the source of Learning and development*, Prentice-Hall.

Kotler, P., Hayes, T., and Bloom, N. P. (2002), *Marketing professional services, Second edition*, Leaning Network Direct.（白井義男監修，平林祥訳『コトラーのプロフェッショナル・サービス・マーケティング』ピアソン・エデュケーション，2002 年）

Krausert, A. (2014), HRM systems for knowledge workers: Differences among top managers, middle managers, and professional employees, *Human Resource Management*, 53 (1), 67–87.

Kreiner, G. E. and Ashforth, B. E. (2004), Evidence toward an expanded model of organizational identification, *Journal of Organizational Behavior*, 25 (1), 1–27.

Kuenzel, S. and Halliday, S. V. (2008), Investigating antecedents and consequences of brand identification, *The Journal of Product & Brand Management*, 17 (5), 293–304.

Kwon, H. H., Trail, G. T., and Donghun Lee (2008), The effects of vicarious achievement and team identification on BIRGing and CORFing, *Sport Marketing Quarterly*, 17 (4), 209–217.

Lam, L. W. and Liu, Y. (2014), The identity-based explanation of affective commitment, *Journal of Managerial Psychology*, 29 (3), 321–340.

Lee, E., Park, T., and Koo, B. (2015), Identifying organizational identification as a basis for attitudes and behaviors: A meta-analytic review, *Psychological Bulletin*, 141 (5), 1049–1080.

Lee, J. S. and Kang, J. (2015), Effects of sport event satisfaction on team identification and revisit intent, *Sport Marketing Quarterly*, 24 (4), 225–234.

Loi, R., Ngo, H., and Foley, S. (2004), The effect of professional identification on job attitudes: A study of lawyers in Hong Kong, *International Journal of Organizational Analysis*, 12 (2), 109–128.

Lovelock, C. and Lauren W. (1999), *Principles of service marketing and management*, Prentice-Hall.（小宮路雅博監訳，高畑泰，藤井大拙訳『サービス・マーケティング原理』白桃書房，2002 年）

Lui S. S., Ngo H., and Tsang A. W. (2001), Interrole conflict as a predictor of job satisfaction and propensity to leave: A study of professional accountants, *Journal of Managerial Psychology*, 16 (6), 469–484

Luo, X. and Homburg, C. (2007), Neglected outcomes of customer satisfaction, *Journal of Marketing*, 71 (2), 133–149.

Lupina-Wegener, A., Drzensky, F., Ullrich, J., and van Dick, R. (2014), Focusing on the bright tomorrow? A longitudinal study of organizational identification and projected continuity in a corporate merger, *British Journal of Social Psychology*, 53 (4), 752–772.

Mael, F. A. and Ashforth, B. E. (1992), Alumni and their alma mater: A partial test of the reformulated model of organizational identification, *Journal of Organizational Behavior*, 13 (2), 103–123.

—— and Ashforth, B. E. (1995), Loyal from day one: Biodata, organizational identification, and turnover among newcomers, *Personnel Psychology*, 48 (2), 309–333.

Maister, D. H. (1997), *Managing the professional service firm*, Free Press.（高橋俊介監訳，博報堂マイスター研究会訳『プロフェッショナル・サービス・ファーム―知識創造企業のマネジメント』東洋経済新報社，2002 年）

Marin, L. and de Maya, S. (2013), The role of affiliation, attractiveness and personal connection in consumer-company identification, *European Journal of Marketing*, 47 (3–4), 655–673.

Meyer, J. P., Becker, T. E., and van Dick, R. (2006), Social identities and commitments at work: Toward an integrative model, *Journal of Organizational Behavior*, 27 (5), 665–683.

——, Morin, A. J. S., and Vandenberghe, C. (2015), Dual commitment to organization and supervisor: A person-centered approach, *Journal of Vocational Behavior*, 88, 56–72.

Mishra, S. K. (2013), Perceived external prestige and employee outcomes: Mediation effect of organizational identification, *Corporate Reputation Review*, 16 (3), 220–233.

Morgan, R. M. and Hunt, S. D. (1994), The commitment-trust theory of relationship marketing, *Journal of Marketing*, 58 (3), 20–38.

Morin, A. J., S., Meyer, J. P., Mclnerney, D. M., Marsh, H. W., and Ganotice, F. A. (2015), Profiles of dual commitment to the occupation and organization: Relations to well-being and turnover intentions, *Asia Pacific Journal of Management*, 32 (3), 717–744.

Mowday, R. T., Steers, R. M., and Porter, L. W. (1979), The measurement of organizational commitment, *Journal of Vocational Behavior*, 14 (2), 224–247.

Netemeyer, R. G., Heilman, C. M., and Maxham, J. G. (2012), Identification with the retail organization and customer-perceived employee similarity: Effects on customer spending, *The Journal of Applied Psychology*, 97 (5), 1049–1058.

Nikolova, N. (2007), *The client-consultant relationship in professional Service firms*, Koelner Wissenschaftsverlag.

Palmatier, R. W., Scheer, L. K., and Steenkamp, J. E. M. (2007), Customer loyalty to whom? Managing the benefits and risks of salesperson-owned loyalty, *Journal of Marketing Re-*

search, 44 (2), 185-199.

Park, J. and Dittmore, S. W. (2014), The relationship among social media consumption, team identification, and behavioral intentions, *Journal of Physical Education and Sport*, 14 (3), 331-336.

Pérez, A. and Rodríguez, del Bosque, I. (2015), Corporate social responsibility and customer loyalty: Exploring the role of identification, satisfaction and type of company, *The Journal of Services Marketing*, 29 (1), 15-25.

Peter, J. P. (1992), Realism or relativism for marketing theory and research: A comment on hunt's "scientific realism", *Journal of Marketing*, 56 (2), 72-79.

Podsakoff, P. M. and Organ, D. W. (1986), Self-reports in organizational research: Problems and prospects, *Journal of Management*, 12 (4), 531-544.

Porter, L. W., Steers, R. M., Mowday, R. T., and Boulian, P. V. (1974), Organizational commitment, job satisfaction, and turnover among psychiatric technicians, *Journal of Applied Psychology*, 59 (5), 603-609.

Pratt, M. G. (1998), To be or not to be: Central questions in organizational identification, In D. A. Whetten and P. C. Godfrey (Eds.), *Identity in organizations: Building theory through conversations* (171-207, Chapter xi), Sage Publications, Inc.

—— and Foreman, P. O. (2000), Classifying managerial responses to multiple organizational identities, *The Academy of Management Review*, 25 (1), 18-42.

Reade, C. (2001), Antecedents of organizational identification in multinational corporations: Fostering psychological attachment to the local subsidiary and the global organization, *The International Journal of Human Resource Management*, 12 (8), 1269-1291.

Reynolds, K. and Arnold, M. (2000), Customer loyalty to the salesperson and the store: Examining relationship customers in an upscale retail context, *Journal of Personal Selling and Sales Management*, 20 (2), 89-98.

Riketta, M. (2005), Organizational identification: A meta-analysis, *Journal of Vocational Behavior*, 66 (2), 358-384.

Russo, T. C. (1998), Organizational and professional identification: A case of newspaper journalists, *Management Communication Quarterly*, 12 (1), 72-111.

Schlesinger, L. A. and Zornitsky, J. (1991), Job satisfaction, service capability, and customer satisfaction: An examination of linkages and management implications, *Human Resource Planning*, 14 (2), 141-149.

Schoemmel, K. and Jønsson, T. S. (2014), Multiple affective commitments: Quitting intentions and job performance, *Employee Relations*, 36 (5), 516-534.

Scott, C. R., Connaughton, S. L., Diaz-Saenz, H., Maguire, K., Ramirez, R., Richardson, B., Shaw, S. P., and Morgan, D. (1999), The impacts of communication and multiple identifications of intent to leave: A multimethodological exploration, *Management Communication Quarterly*, 12 (3), 400-435.

Shamir, B. (1991), Meaning, self and motivation in organizations, *Organizational Studies*, 12 (3), 405-424.

Sluss, D. M. and Ashforth, B. E. (2007), Relational identity and identification: Defining ourselves through work relationships, *The Academy of Management Review*, 32 (1), 9-32.

—— and Ashforth, B. E. (2008a), How relational and organizational identification converge: Processes and conditions, *Organization Science*, 19 (6), 807–823.

——, Klimchak, M., and Holmes, J. J. (2008b), Perceived organizational support as a mediator between relational exchange and organizational identification, *Journal of Vocational Behavior*, 73 (3), 457–464.

Smale, A., Björkman, I., Ehrnrooth, M., John, S., Mäkelä, K., and Sumelius, J. (2015), Dual values-based organizational identification in MNC subsidiaries: A multilevel study, *Journal of International Business Studies*, 46 (7), 761–783.

Snizek, W. E. (1972), Hall's professionalism scale: An empirical reassessment, *American Sociological Review*, 37 (1), 109–114.

Stinglhamber, F., Marique, G., Caesens, G., Desmette, D., Hansez, I., Hanin, D., and Bertrand, F. (2015), Employees' organizational identification and affective organizational commitment: An integrative approach, *PloS One*, 10 (4), 1–23.

Strandberg, C., Wahlberg, O., and Öhman, P. (2015), Effects of commitment on intentional loyalty at the person-to-person and person-to-firm levels, *Journal of Financial Services Marketing*, 20 (3), 191–207.

Su, L., Swanson, S. R., Chinchanachokchai, S., Hsu, M. K., and Chen, X. (2016), Reputation and intentions: The role of satisfaction, identification, and commitment, *Journal of Business Research*, 69 (9), 3261–3269.

Sutton, W. A., McDonald, M. A., and Milne, G. R. (1997), Creating and fostering fan identification in professional sports, *Sport Marketing Quarterly*, 6 (1), 15–22.

Tajfel, H. and Turner, J. (1979), An integrative theory of intergroup conflict, In Austin, W. G. and Worchel, S. (Eds.), *The Social Psychology of Intergroup Relations*, Wadworth Inc., Belmont, CA, 33–47.

Ullrich, J., Wieseke, J., and van Dick, R. (2005), Continuity and change in mergers and acquisitions: A social identity case study of a German industrial merger, *Journal of Management Studies*, 42 (8), 1549–1569.

van Dick, R., Christ, O., Stellmacher, J., Wagner, U., Ahlswede, O., Grubba, C., and Tissington, P. A. (2004), Should I stay or should I go? Explaining turnover intentions with organizational identification and job satisfaction, *British Journal of Management*, 15 (4), 351–360.

van Knippenberg, D. and Sleebos, E. (2006), Organizational identification versus organizational commitment: Self-definition, social exchange, and job attitudes, *Journal of Organizational Behavior*, 27 (5), 571–584.

Vargo, S. L. and Lusch, R. F. (2004), Evolving to a new dominant logic for marketing, *Journal of Marketing*, 68 (1), 1–17.

von Nordenflycht, Andrew (2010), What is a professional service firm? Towards a theory and taxonomy of knowledge intensive firms, *The Academy of Management Review*, 35 (1), 154–174.

Vora, D., Kostova, T., and Roth, K. (2007), Roles of subsidiary managers in multinational corporations: The effect of dual organizational identification, *Management International Review*, 47 (4), 595–620.

Walker, M. and Kent, A. (2009), Do Fans Care? Assessing the Influence of Corporate Social Responsibility on Consumer Attitudes in the Sport Industry, *Journal of Sport Management*, 23 (6), 743-769.

Walsh, K. and Gordon, J. R. (2010), Understanding professional service delivery, *International Journal of Quality and Service Sciences*, 2 (2), 217-238.

Wann, D. L. (2006), Examining the potential causal relationship between sport team identification and psychological well-being, *Journal of Sport Behavior*, 29 (1), 79-95.

——, Hackathorn, J., and Sherman, M. R. (2017), Testing the team identification-social psychological health model: Mediational relationships among team identification, sport fandom, sense of belonging, and meaning in life, *Group Dynamics: Theory, Research, and Practice*, 21 (2), 94-107.

Whetten, D. A. (2006), Albert and Whetten revisited: Strengthening the concept of organizational identity, *Journal of Management Inquiry*, 15 (3), 219-234.

Wolter, J. S. and Cronin, J. J. (2016), Re-conceptualizing cognitive and affective customer-company identification: The role of self-motives and different customer-based outcomes, *Journal of the Academy of Marketing Science*, 44 (3), 397-413.

Wong, A. and Sohal, A. (2003), Service quality and customer loyalty perspectives on two levels of retail relationships, *Journal of Services Marketing*, 17 (5), 495-513.

Wu, S., Tsai, C. D., and Hung, C. (2012), Toward team or player? How trust, vicarious achievement motive, and identification affect fan loyalty, *Journal of Sport Management*, 26 (2), 177-191.

Zeithaml, V. A., Bitner, M. J., and Gremler, D. D. (2013), *Services marketing; Integrating customer focus across the firm, 6th Edition*, McGraw-Hill Irwin.

大谷尚（2007),「4ステップコーディングによる質的データ分析手法SCATの提案—着手しやすく小規模データにも適用可能な理論化の手続き—」『名古屋大学大学院教育発達科学研究科紀要．教育科学』第54巻第2号，27-44頁。

大生定義（2011),「プロフェッショナリズム総論」『京都府立医科大学雑誌』第120巻第6号，395-402頁。

柿本敏克（1997),「社会的アイデンティティ研究の概要」『実験社会心理学研究』第37巻第1号，97-108頁。

金井壽宏・高橋潔（2004),『組織行動の考え方：ひとを活かし組織力を高める9つのキーコンセプト』東洋経済新報社。

菅野正（1958),「近代社会における『カリスマ』の問題」『社会学評論』第8巻第4号，20-30頁。

久保田進彦（2003),「リレーションシップ・マーケティング研究の再検討」『流通研究』第6巻第2号，15-33頁。

——(2012),『リレーションシップ・マーケティング：コミットメント・アプローチによる把握』有斐閣。

島津望（2005),『医療の質と患者満足－サービス・マーケティング・アプローチ』千倉書房。

鈴木竜太（2002),『組織と個人』白桃書房。

高尾義明（2012),「組織成員のアイデンティフィケーション」『組織学会大会論文集』第1巻第2号，78-84頁。

――(2013a),「組織成員のアイデンティフィケーション」組織学会編『組織論レビューⅠ　組織とスタッフのダイナミズム』第5章，白桃書房。

――(2013b),「組織アイデンティフィケーションと組織コミットメントの弁別性―日本における組織アイデンティフィケーション研究に向けた予備的分析」『経営と制度』第11号，65-80頁。

出口順子，沖村多賀典，井澤悠樹，徳山友，菊池秀夫（2017),「Jリーグ観戦者のクラブ支援意図」『スポーツマネジメント研究』第9巻第2号，19-34頁。

仲澤眞，吉田政幸，岩村聡（2014),「Jリーグ観戦者の動機因子」『スポーツマネジメント研究』第6巻第1号，17-35頁。

――，吉田政幸（2015),「ファンコミュニティの絆」『スポーツマネジメント研究』第7巻第1号，23-38頁。

西脇暢子（2012),「組織研究の視座からのプロフェッショナル研究レビュー」組織学会編『組織論レビューⅠ　組織とスタッフのダイナミズム』第3章，白桃書房。

二村敏子編（2004),『現代ミクロ組織論』有斐閣。

松山一紀（2013),「帰属意識と忠誠心，そして組織コミットメント」『商経学叢』第60巻第1号，83-106。

森脇豊一郎，原田宗彦，池田勝，藤本淳也，松岡宏高（1996)「観戦者の心理的側面とプロスポーツチームの経営に関する研究：特にチームアイデンティフィケーションとBIRGing and CORFingに着目して」『日本体育学会大会号』第47号，388頁。

山口志郎，石黒哲朗，山口泰雄（2011),「ラグビートップリーグにおけるファンイベントと観戦意図に関する研究」『スポーツマネジメント研究』第3巻第1号，77-93頁。

山城慶晃（2015),「組織アイデンティティの三つの基準とは何だったのか？―経営学輪講 Albert and Whetten（1985）―」『赤門マネジメント・レビュー』14巻2号。

吉田政幸（2011),「スポーツ消費者行動」『スポーツマネジメント研究』第3巻第1号，5-21頁。

主要索引

【英字】

【ア行】

【カ行】

【サ行】

【タ行】

【ハ行】

【マ行】

【ラ行】

APPENDIX

Appendix 1：顧客が持つ組織（会社）アイデンティフィケーションの先行要因

研究者、発表年	調査対象	組織の威信	組織の特徴・風土	サービスや人の印象／ロイヤルティプログラム	CSR	関係する期間・頻度	組織への満足	自己との類似性	外部組織との弁別性	会社へのアイデンティフィケーション	従業員へのアイデンティフィケーション	信頼	成功への追体験	コミュニケーション
Mael and Ashforth, 1992	大学と卒業生	○	○			○	○	○						
Bhattacharya, Rao, and Glynn, 1995	美術館と会員	○		○		○								
Bhattacharya and Sen, 2003		○						○	○					
Ahearne, Bhattacharya, and Gruen, 2005	製薬会社と医者		○	○										
Kuenzel and Halliday, 2008	車のブランドとオーナー	○					○							○
He and Li, 2011	携帯電話会社と顧客			○	○									
Wu, Tsai, and Hung, 2012	野球チームとファン	○									○	○	○	
Netemeyer, Heilman, and Maxham, 2012	アパレルメーカーと顧客							○		○				
Marin and de Maya, 2013	地方銀行と顧客		○	○						○				
Brashear-Alejandro, Kang, and Groza, 2016	ロイヤルティプログラム参加者			○										
Huang, Cheng, and Chen, 2017	レストランの顧客			○	○									

Appendix 2：顧客が持つ組織(会社)アイデンティフィケーションの結果

研究者、発表年	調査対象	組織へのコミットメント	ロイヤルティ	購買意欲	口コミ	勧誘	組織市民行動	参加率	満足	顧客グループへのコミットメント	否定的な情報に対する回復力	アイデンティティの変化への攻撃	強いクレーム	支援意図
Mael and Ashforth, 1992	大学と卒業生	○		○	○			○						
Bhattacharya and Sen, 2003			○		○						○		○	
Ahearne, Bhattacharya, and Gruen, 2005	製薬会社と医者			○	○	○	○							
Kuenzel and Halliday, 2008	車のブランドとオーナー			○	○									
Homburg, Wieseke, and Hoyer, 2009	旅行会社と顧客		○	○							○	○		
He and Li 2011	携帯電話会社と顧客		○						○					
Netemeyer, Heilman, and Maxham, 2012	アパレルメーカーと顧客			○										
Wu, Tsai, and Hung, 2012	野球チームとファン													○
Ashraf and Merunka, 2013	会社と顧客	○								○				
Kang Alejandro and Groza, 2015	ロイヤルティプログラム参加者				○	○								
Huang, Cheng, and Chen, 2017	レストランの顧客		○											

Appendix 3：定性調査の主旨説明書

弁護士宛　学術調査主旨説明書
■調査テーマ プロフェッショナル・サービスにおける顧客のロイヤルティ形成の仕組みの解明 ■調査の背景と目的 サービス業において、近年、従業員や顧客の会社への組織アイデンティフィケーション（組織との同一化）がロイヤルティを育てることが指摘されています。しかしプロフェッショナル・サービスの場合、プロフェッショナル本人に、会社（事務所）への組織アイデンティフィケーションと同時に職業へのアイデンティフィケーションが形成されるため、顧客も、会社（事務所）とプロフェッショナルの両方にアイデンティフィケーションを持つことが予測されます。その結果、顧客は、会社（事務所）へのロイヤルティとプロフェッショナル本人へのロイヤルティの両方を持つことになります。本研究の目的は、プロフェッショナル・サービスにおいて、顧客ロイヤルティが形成される仕組みを、各組織アイデンティフィケーションの影響を踏まえてモデル化することです。 ■依頼事項 弁護士の皆様から、主に下記のような内容をインタビュー（1対1のデプス・インタビュー）させていただきたいと考えております。60分～90分程度、お時間を頂戴できれば幸いです。（顧客側にも別途調査を行う予定です。） [取材内容] ①　弁護士という職業について（弁護士の意義、弁護士を目指した理由、弁護士でよかったこと、社会からのイメージ等） ②　ご自身の業務について（リーガル・サービスの内容（直接的・間接的）、専門的なサービスを提供するための必要な準備、リーガル・サービスを行う上での注意点、クライアントとの関係性、職務のやりがい等） ③　事務所について（事務所の特徴、外部の評価、社風、弁護士への対応等） ④　将来の展望（業務内容やクライアントの方向性、独立や転職の可能性等） ■取材(調査)日時 ご都合の良い日程をいくつか頂けましたら、調整して、事務所（または近隣）に伺います。時間帯は昼夜いつでも結構です。 ■確認事項 ①　インタビュー中、回答を拒否することも可能です。また理解を促す上で口頭でのお話は可能だが、文章化してほしくないという内容については、ご要望に沿うように致します。 ②　インタビューで得られた情報は匿名に保たれます。インタビュー結果は、分析をした後、学会発表・報告書・論文等で公開されることがありますが、その際も、個人が特定されるような情報は含まないよう配慮致します。 ③　インタビュー中はメモ・録音をさせて頂く予定ですが、差支えがある場合はお申し出ください。

顧客宛　学術調査主旨説明書

■調査テーマ

プロフェッショナル・サービスにおける顧客のロイヤルティ形成の仕組みの解明

■調査の背景と目的

サービス業において、近年、従業員や顧客の会社への組織アイデンティフィケーション（組織との同一化）がロイヤルティを育てることが指摘されています。しかしプロフェッショナル・サービスの場合、プロフェッショナル本人に、会社（事務所）への組織アイデンティフィケーションと同時に職業へのアイデンティフィケーションが形成され、複数のアイデンティティを持つことから、顧客のロイヤルティ形成が複雑になることが考えられます。本研究の目的は、プロフェッショナル・サービスにおいて、顧客ロイヤルティが形成される仕組みを、組織アイデンティフィケーションの影響を踏まえてモデル化することです。

■依頼事項

複数の弁護士を利用した経験のある皆様から、主に下記のような内容をインタビュー（1対1のデプス・インタビュー）させていただきたいと考えております。60分程度、お時間を頂戴できれば幸いです。

［取材内容］

①　弁護士への依頼内容（概要）と、利用した感想（どんな点が良かった／悪かったか）
②　依頼前の条件（弁護士を選ぶ際に気を付ける点は何か、どんな弁護士に依頼しているか）
③　プロセスと結果の満足度（進め方、姿勢、対応、結果等にどの程度満足したか）
④　信頼を置いている弁護士が事務所から独立／移籍したらどうするか
⑤　弁護士との関係、その弁護士が所属する事務所との関係について

■取材（調査）日時

ご都合の良い日程をいくつか頂けましたら、調整して、ご希望の場所（23区近辺）に伺います。時間帯もご希望をお伺いします。

■確認事項

①　インタビュー中、回答を拒否することも可能です。また理解を促す上で口頭でのお話は可能だが、文章化してほしくないという内容については、ご要望に沿うように致します。
②　インタビューで得られた情報は匿名に保たれます。インタビュー結果は、分析をした後、学会発表・報告書・論文等で公開されることがありますが、その際も、個人が特定されるような情報は含まないよう配慮致します。
③　インタビュー中はメモ・録音をさせて頂く予定ですが、差支えがある場合はお申し出ください。

Appendix 4：定性調査の質問リスト

弁護士への質問リスト	
職業について	弁護士を目指した理由 弁護士がいる意義 弁護士はどう社会に貢献しているか 弁護士になってよかったこと 弁護士冥利に尽きるとき 弁護士という職業のどんなところが気に入っているか 仲間はどれか（弁護士、弁護士会、分野の弁護、同期） 弁護士のプレステージ（職業的な地位） 弁護士のイメージ・社会からどうとらえられているか 自分の子どもや知人に弁護士という職業を推奨するか
職務について	専門は何か　どんなこと（素質や努力）が必要か サービスの内容 仕事を受ける際に気を付けていること 面会での対応で気を付けていること 電話やメールでの対応で気を付けていること 仕事のプロセスで気を付けていること クライアントに対して気を付けていること 顧客とプライベートな時間を過ごすことがあるか 顧客に自分の個人的な話をするか 顧客に自分の弁護士としての理念や姿勢などの話をするか どんなクライアントが嬉しいか・欲しいか／要望 新規顧客を獲得するために気を付けていること 顧客をつなぎとめるために気を付けていること 顧客獲得上、難しいことは何か 総じて自分はどんな弁護士か（他と違う点） クライアントは自分のことをよくわかっているか クライアントは提供したサービスに満足しているか クライアントはサービスのプロセスに満足しているか クライアントは金額に満足しているか
事務所について	事務所の理念 事務所の場所・外観・内装 事務所のマーケティング方針、クライアントへの対応方針 事務所のプレステージ・社会的地位・評判 事務所の社会的貢献の方針・実際にやっていること 事務所のサービスの他と違う特徴 事務所の社風・雰囲気 職業に理解があるか（事務所の方針と乖離があるか）

	事務所のサポートはどんなものがあるか 事務所の待遇は十分か（金銭的・感情的・条件的） 事務所は自分のことをよく理解してくれている、やりたい業務をさせてくれるか どんな時に転職・独立を考えるか なぜ移籍・独立をしたのか 事務所のどんなところが気に入っているか 事務所にこの先ずっといたいと思うか・独立・転職

顧客への質問内容（手控え）	
弁護士について	弁護士の特徴・印象、性格 弁護士との類似性（大学・出身地・趣味その他） 弁護士との仕事以外の付き合いがあるか 弁護士のプレステージ・社会的地位・評判・知名度 弁護士の社会的貢献度合い 弁護士の職業倫理・弁護士としての使命感 弁護士の仕事への熱意 弁護士の専門性 弁護士のサービス内容 弁護士の対応の丁寧さ・速さ 料金、サービス内容に対する料金 弁護士とのエピソード
事務所について	事務所の場所、規模 事務所の取扱分野、専門性 事務所のプレステージ・社会的地位・評判 事務所のクライアントへの待遇 事務所の社風、雰囲気 事務所のプロボノ活動 事務所の特徴、理念 事務所の成り立ち・署名的ストーリー 事務所の社会的貢献
ロイヤルティ	印象に残っている一番の理由は何か（良い意味で／悪い意味で） なぜその弁護士に依頼することになったのか、その理由 その弁護士／事務所を今後も使おうと思うか その弁護士／事務所の良い／悪い評価を SNS などで拡散しようと思う 知り合いが同類の案件で弁護士を探していたら、その弁護士／事務所を勧めるか 他の弁護士を探そうとしたことがあるか、探すときはどんなことをするか もし弁護士が独立、移籍した場合、その弁護士についていくか、事務所の別の弁護士に頼むか

Appendix 5：SCAT コーディング例（弁護士と顧客との関係）

no	テクスト	分類	＜1＞ キーワード	＜2＞ 言い換え	＜3＞ 外概念	＜4＞ テーマ
A16	最初会社の依頼できた方が個人の依頼になる。最初は100％お客さんからの紹介です。独立して5年目くらいに、クライアントをリストアップして、樹形図を作ったら、元になっているのは2人だった。たったの2人。講演もしないし、本も書いていない、全部紹介できている。でもO先生やP先生にいったら、ぼくらもそんなもんだよ、と。一人は前事務所のクライアントで、民暴関係の警備会社にいた人、もう一人は誰かから譲ってもらった前事務所からの顧問先。付き合いはもう15年以上になりますね。今も仕事をしているが、彼らのフィーは全く上げていないです。2万円代ですね。一生上げるもんかと（笑）。それだけの価値のあるお客さんですね。	顧客	紹介、たった2人	顧客獲得の入り口	顧客獲得	弁護士と顧客との関係
A18	最近は少ないです。独立したころはクライアントの考えていることを知りたくて、たくさん飲みにいっていました。最近は落ち着いているなかな。最近は先方が希望すれば飲みにいったりもします。経費を使いたいとか。誘われればいきます。飲食業界は自分のお店に連れていきたがるので、喜んでお邪魔する。ヒトによっては距離を縮めたいと思っている人もいるので。飲みにいくと、個人的な話もします。彼らもバックグラウンドを知りたいと思っていると思うので。聞かれると答えるようにしています。先方も聞くからには、きっとどんな人なのか知りたい確認したいと思っているように思います。個別お付き合いがある・ないで、クライアントの関係が長く続いているかは関係ないかな。仕事依頼する前に3回も飲みにいったのに、それっきり1回で終わってしまったクライアントもいるし。これは特殊な事例かな。	顧客	先方が希望すれば飲みに行く、先方も聞くからには知りたいのだろう	クライアントとの飲みによる関係	顧客関係、顧客の期待	弁護士と顧客との関係
A21	金払いがよい。知的な興奮があるクライアントは楽しいですね。一つのことを解決しようとするとき、双方向で議論ができると楽しい。一方通行でないと思っています。期待されるのは嬉しいんだけど、わからないから全部宜しく、っていうのは喜びや一緒に戦っている感がない。先生に責任を負ってくれっていってるわけじゃないというのだけど、そうじゃなくて、クライアントが主人公になってほしいんで	顧客	知的な興奮がある、一緒に戦っている感	クライアントへの期待・質	情報の非対称性 顧客の期待	弁護士と顧客との関係

	す。法務のリスクは一部。法務リスクを 100 %ヘッジしたところで、他のリスクはヘッジできない。部分適合じゃなくて、全体適合のアドバイスがしたいので、できれば意見交換をしながらやりたいです。				
A22	この先も顧客からの紹介に頼っていてよいのか、というのは不安がある。今顕在化はしていないが、今現在、営業のノウハウが皆無に近い。営業しているのは A 先生（講演、その後連絡など）くらいか。W 先生は講演活動も顧客獲得にはつながっていなさそう。営業に関するノウハウがないと、今営業でがんばっている人たちから見たら足りないと思われるという、危惧はなくはない。	顧客	営業のノウハウが皆無	今後のクライアント獲得	顧客関係	弁護士と顧客との関係
B10	自分を下げない。人によっては、サービス業とかも職種によっては、接待して、というアプローチもあるんですけど、僕は絶対取らないようにしていて、さっきの弁護士の役割という話があったけれども、最後強いのは、そうはいってもいろんな弁護士がいる中で、この人は最後いてほしいという存在でいたいと思うんですよね。最後、右に行くか左に行くか悩んでいるときに、この弁護士が右だなっていうなら信じて右に行きたいみたいっていうそういう存在でいたいので、たぶんそういう弁護士が仕事をし続けると信じていますし、X の先生はそういうところすごい長けているなと思うし、僕は自分は落とさない、というのが、もちろん冗談とかそういうのは言いますけど（笑）。接し方としては、下手でいって、例えば仕事欲しい、みたいにしていろんなものを提供して云々かんぬんっていうのはやらないし、今のところ功を奏している気がしますけれども。	顧客	自分は落とさない	コストリーダーシップをとらない	顧客獲得	弁護士と顧客との関係
B13	嫌味な言い方になるかもしれないですが、小細工は効かないように思いますね。生意気なんですけど、生き方全体というか、それまでの経験だとか、総合的なことをみられている気がして、なんとか講座とか、お客さんはやっぱり話の中身じゃなくて、全体の自信だとか雰囲気だとか、そういうのを瞬時にかぎとるので、あまり僕は意識しないことを意識していますね。ありのままというか。	顧客	小細工は効かない、意識しないことを意識する	顧客対応	顧客関係	弁護士と顧客との関係
C17	まずは、途中の事務的なところだったりが、ミスなく完璧であった、というところ。そうすると事実が確定されて、あとは法律の判断なので、はっきりしてくる。そこまでの事実をちゃんと消化して、こういう証拠があって、結局どうだったんだっていう、その手際の良さだったり正確さだったりっていうところ。で、もちろん結果がよかったら次は来てくれるかと。後はこれはできていないですけど、それとは別に、経験的にあるのは、時間をかけるっていう	顧客	ミスなく完璧、手際の良さ、正確さ、結果、時間をかける、親身になる	継続の要因	顧客満足度	弁護士と顧客との関係

	ことですかね。悩んでらっしゃるので、脱線したりしても電話で40分とか付き合ったりとかして、そうすると、そんなにすごい事務処理で結果を出したというのでなくても、あの人にもう一回頼もうか、みたいになるんです。親身になるということかな。お客さんとしては、関係あるかと思って話しているのかもしれないですけど、関係ないこともある。でも全く関係ないというわけでもない。					
D13	出向経験があるので、クライアントの気持ち、立場もわかります。直接的に聞いてこないこともあるし、担当者と上司の考えていることが違うということもある。聞かれたことにYes/Noだけで答えていてはダメで、相手の心やメールの行間を読むことをしなければならないと思っています。会社的な視点に応えては、メールで正式な回答をし、担当者レベルの心配には、口頭で少し補足するなど、適宜柔軟な対応をしていますね。	顧客	相手の心やメールの行間を読む	クライアント対応の姿勢	顧客関係	弁護士と顧客との関係
D14	しゃべり方は、難しい言葉は使わず、早口もダメ。質問は最後まで聞いてから答える。身なりも一応気を付けています。レスポンスは早くすることを心がけていて、遅くなる場合も一報入れてその旨を伝えるようにしています。質問が来て、答えて、ありがとう、となった後、連絡が来なくなることもあるが、そういう時も、先日はどうでしたか、大丈夫でしたか、とフォローアップの連絡を入れるように心がけています。	顧客	しゃべり方、レスポンス、フォロー	信頼される要素	顧客満足度	弁護士と顧客との関係
D17	オフィシャルなうち上げや、若い担当者同士で、ということもしばしばあります。オフィシャルな席では、あまり砕けた話はしづらいけど、プライベートの話も流れでする場合もありますね。終わってからの打ち上げで、話をすると、ダウンタウンとか見るんですか～へぇ～AKBとかの話するんですね～へぇ～といった反応があったりする。弁護士はどこか異質なもので、生活が見えないのかもしれない。実際、変な時間にメール打ってたりするし、朝9時に電話してもいないし。人として見てくれるようになるかも。親しみを持ってくれる。確かに距離は縮まる気はする。が、その後仕事がしやすくなるかどうかはケースバイケースですかね。弁護士は情に流されてはいけないので、親しくなったからといって、仕事内容が変わるわけではないです。	顧客	弁護士は異質、生活が見えない	クライアントとの食事	顧客関係	弁護士と顧客との関係

D19	世の中の（大きな）会社で今弁護士をやとっていないところはまずない。つまり顧客を獲得しようとすると、今やっている弁護士から変えてもらう、うばってこないといけない。信頼してもらう努力が必要。個人としても事務所としても。コンフリクトの問題で受任できないことも起こり得る。	顧客	うばってこないといけない、信頼してもらう努力	新規獲得の難しさ、信頼してもらう努力	顧客獲得	弁護士と顧客との関係
D30	イベントはやってもいいんだけど、参加する人は、もう事務所を好きなひと。そうない人をどうやって巻き込んでいくかが課題。	顧客	参加する人はもう事務所を好きな人	新規獲得の難しさ	顧客関係	弁護士と顧客との関係
E15	やっぱりちゃんと話を聞く。適当な答えは絶対に出さない。真摯に対応する、ということしか、自分としては考えられないです。それがあるからこそ、信頼関係が築けて、次につながる、その人から正式に依頼をしてもらえるのかな。	顧客	ちゃんと話をきく、真摯に対応する	信頼の構築	顧客満足度	弁護士と顧客との関係
F16	できるだけ連絡しようということは心が得ている。経過報告をしっかりしようと。お客さんから望まれることは多くないですけど、そろそろほしいだろうな、と思ったら、問い合わせが無くても連絡すると、「そろそろしようと思っていました」というのが頻繁にある。人って、相手の立場に立ってみたら、そろそろ「何してるの？」って思う時期が来るじゃないですか、だから、そろそろ思うだろうな、と思ったら、「まだ相手から連絡ありません」とか「引き続きまとうと思います」というと、「連絡くださってありがとうございます」って話になるし。以前、クレームが入ったことがあったんです。「連絡一つくらいくれてもいいんじゃないですか。すごく信頼してたのに」と…。あー、それだけで人の信頼って無くなるんだな、と思って、自分はそこまでがんばっていたから、ショックも大きくて。そこからちゃんと連絡しようと思うようになりましたね。まーそれでもまだ連絡できていないと思いますけどね。以前よりはそういうように考えるようになりました。先読みをしながら連絡をしてあげようと。	顧客	経過報告をしっかり、それだけで人の信頼って無くなる	プロセスの中で気を付けていること	顧客関係	弁護士と顧客との関係

＜ストーリー＞

弁護士は顧客との関係において、

・顧客の期待を汲んで、コミュニケーションを時間外に取ることも気軽に行う弁護士もいれば、毅然とした姿勢やプロセスにおける共創を重視することによって、職業に対する意識を顧客に示そうという弁護士もいる。

・既存顧客の継続依頼、口コミによる新規顧客獲得というのが案件を受任し続ける源泉となっている。そのため、いずれの弁護士も既存顧客からの信頼を大事にしていることがうかがえる。

Appendix 6：定量調査の画面イメージ

スクリーニング設問（3問）

SC1：あなたは業務上で以下の職業の方に仕事を依頼した経験はありますか。

→1の弁護士以外は調査対象外として終了

SC2：（弁護士に仕事の依頼をした経験があると回答された方に伺います。）
仕事を依頼した弁護士が所属する事務所の規模を教えてください。（2つまで）
※複数回経験のある方は、直近2回のご依頼経験についてお選びください。

→3~8の5人以上という回答がない場合は調査対象外として終了

SC3：（弁護士に仕事の依頼をした経験があると回答された方に伺います。）
依頼をされたのは、いつですか。（2つまで）
※複数回経験のある方は、直近2回のご依頼経験についてお選びください。

→本調査対象者としてSC終了

本調査の設問（一部）

■これから、先程お答え頂いた「あなたがこれまで業務上で仕事を依頼したことのある弁護士（5名以上の法律事務所に所属している）」についてお伺いします。
印象に残っている方一人を思い浮かべて、質問にお答えください。

Q1 以下の文章を読んで、あてはまる尺度を選択1～7からお答えください。
必須 （矢印方向にそれぞれひとつだけ）

	1. 全くそうは思わない	2. そうは思わない	3. あまりそうは思わない	4. どちらでもない	5. 少しそう思う	6. そう思う	7. 非常にそう思う
1. その弁護士は、弁護士という職業を批判されたとき、自分が侮辱されたように感じると思う	○	○	○	○	○	○	○
2. その弁護士は、弁護士という職業を他人がどう感じているかにとても興味があると思う	○	○	○	○	○	○	○
3. その弁護士は、弁護士という職業を「彼ら」ではなく「我々」ということが多い	○	○	○	○	○	○	○
4. その弁護士は、弁護士という職業の成功は自分の成功であるように感じていると思う	○	○	○	○	○	○	○
5. その弁護士は、弁護士という職業を称賛されたとき、自分が賞賛されたように感じていると思う	○	○	○	○	○	○	○
6. あなたは、その弁護士のことを批判されたとき、自分が侮辱されたような気持になる	○	○	○	○	○	○	○
7. あなたは、他の人がその弁護士についてどう思っているかに興味がある	○	○	○	○	○	○	○
8. あなたは、その弁護士のことを、「あの弁護士」ではなく「うちの弁護士」という	○	○	○	○	○	○	○
9. あなたは、その弁護士が成功すると、自分が成功したかのように思う	○	○	○	○	○	○	○
10. あなたは、その弁護士を称賛されたとき、自分が賞賛されたように感じる	○	○	○	○	○	○	○

Q2 以下の文章を読んで、あてはまる尺度を選択1～7からお答えください。
必須 （矢印方向にそれぞれひとつだけ）

	1. 全くそうは思わない	2. そうは思わない	3. あまりそうは思わない	4. どちらでもない	5. 少しそう思う	6. そう思う	7. 非常にそう思う
1. 知り合いは、その弁護士を高く評価している	○	○	○	○	○	○	○
2. その弁護士は名声があると考えられている	○	○	○	○	○	○	○
3. その弁護士は評判がよい	○	○	○	○	○	○	○
4. その弁護士は、魅力的なアイデンティティを持っている	○	○	○	○	○	○	○
5. その弁護士は、他の弁護士と違っているので、好きだ	○	○	○	○	○	○	○
6. その弁護士は、顧客のニーズをわかろうとする姿勢がある	○	○	○	○	○	○	○
7. その弁護士は顧客のベストな解決策を心得ている	○	○	○	○	○	○	○
8. その弁護士はサービスを単に売るのではなく、顧客の課題解決をしようという姿勢でいる	○	○	○	○	○	○	○
9. その弁護士は、課題解決に最も適したサービスの提供を心掛けている	○	○	○	○	○	○	○
10. その弁護士は、顧客にとって最も助けになるサービスのやり方を探そうとする	○	○	○	○	○	○	○

Q3 以下の文章を読んで、あてはまる尺度を選択1～7からお答えください。
必須 （矢印方向にそれぞれひとつだけ）

	1. 全くそうは思わない	2. そうは思わない	3. あまりそうは思わない	4. どちらでもない	5. 少しそう思う	6. そう思う	7. 非常にそう思う
1. その弁護士と自分は似ていると感じる	○	○	○	○	○	○	○
2. その弁護士と共通するものがたくさんあると感じる	○	○	○	○	○	○	○
3. 価値観、性格、見解、好みなどすべて考慮しても、その弁護士と自分は似ていると感じる	○	○	○	○	○	○	○
4. 誰かに聞かれたら、その弁護士を推奨する	○	○	○	○	○	○	○
5. 同様の案件があったら、その弁護士に依頼する	○	○	○	○	○	○	○
6. その弁護士の良さをネットや会話でコメントする	○	○	○	○	○	○	○
7. この先その弁護士と長く付き合いたいと思う	○	○	○	○	○	○	○

■ここからは、先程まで念頭にお答え頂いていた弁護士が「所属する法律事務所」についてお伺いします。

Q4 以下の文章を読んで、あてはまる尺度を選択1～7からお答えください。
必須 （矢印方向にそれぞれひとつだけ）

	1. 全くそうは思わない	2. そうは思わない	3. あまりそうは思わない	4. どちらでもない	5. 少しそう思う	6. そう思う	7. 非常にそう思う
1. その弁護士は、所属する法律事務所のことを批判されたとき、自分が侮辱されたように感じると思う	○	○	○	○	○	○	○
2. その弁護士は、所属する法律事務所のことを他人がどう思っているかにとても興味があると思う	○	○	○	○	○	○	○
3. その弁護士は、所属する法律事務所のことを「その事務所」ではなく「うちの事務所」ということが多い	○	○	○	○	○	○	○
4. その弁護士は、所属する事務所の成功は自分の成功であるように感じていると思う	○	○	○	○	○	○	○
5. その弁護士は所属する法律事務所を賞賛されたとき、自分が賞賛されたように感じていると思う	○	○	○	○	○	○	○

Q5 以下の文章を読んで、あてはまる尺度を選択1～7からお答えください。
必須 （矢印方向にそれぞれひとつだけ）

	1. 全くそうは思わない	2. そうは思わない	3. あまりそうは思わない	4. どちらでもない	5. 少しそう思う	6. そう思う	7. 非常にそう思う
1. あなたは、その事務所のことを批判されたとき、自分が侮辱されたような気持になる	○	○	○	○	○	○	○
2. あなたは、他の人がその法律事務所についてどう思っているかに興味がある	○	○	○	○	○	○	○
3. あなたは、その法律事務所のことを、「あそこの事務所」ではなく「うちの事務所」という	○	○	○	○	○	○	○
4. あなたは、その法律事務所が成功すると、自分が成功したかのように思う	○	○	○	○	○	○	○
5. あなたは、その法律事務所を称賛されたとき、自分が賞賛されたように感じる	○	○	○	○	○	○	○
6. 知り合いは、この事務所を高く評価している	○	○	○	○	○	○	○
7. この事務所は名声があると考えられている	○	○	○	○	○	○	○
8. この事務所は評判がよい	○	○	○	○	○	○	○
9. その事務所は、魅力的なアイデンティティを持っている	○	○	○	○	○	○	○
10. その事務所は、他の事務所と違っているので、好きだ	○	○	○	○	○	○	○

Q6 以下の文章を読んで、あてはまる尺度を選択1～7からお答えください。
必須 （矢印方向にそれぞれひとつだけ）

	1. 全くそうは思わない	2. そうは思わない	3. あまりそうは思わない	4. どちらでもない	5. 少しそう思う	6. そう思う	7. 非常にそう思う
1. その事務所は、顧客のニーズをわかろうとする姿勢がある	○	○	○	○	○	○	○
2. その事務所は顧客のベストな解決策を心得ている	○	○	○	○	○	○	○
3. その事務所はサービスを単に売るのではなく、顧客の課題解決をしようという姿勢でいる	○	○	○	○	○	○	○
4. その事務所は、課題解決に最も適したサービスの提供を心掛けている	○	○	○	○	○	○	○
5. その事務所は、顧客にとって最も助けになるサービスのやり方を探そうとする	○	○	○	○	○	○	○
6. 誰かに聞かれたら、その事務所を推奨する	○	○	○	○	○	○	○
7. 同様の案件があったら、その事務所に依頼する	○	○	○	○	○	○	○
8. その事務所の良さをネットや会話でコメントする	○	○	○	○	○	○	○
9. この先その事務所と長く付き合いたいと思う	○	○	○	○	○	○	○

【著者紹介】

小谷　恵子（こたに　けいこ）

（著者略歴）

明海大学経済学部講師。博士（経営管理）。

大学卒業後、現在の森・濱田松本法律事務所に入所。秘書、IT システム担当、広報マネージャーを歴任。退職後、青山学院大学大学院国際マネジメント研究科修士課程（MBA）、博士課程（DBA）修了。2020 年から現職。

日本マーケティング学会常任理事兼サロン委員会副委員長。株式会社ワークシフト研究所講師。青山学院校友会常任委員。

慶応義塾大学ビジネススクール ケースメソッド教授法研究普及室認定 ケースメソッド・インストラクター。

専門はマーケティング論、プロフェッショナル・マーケティング、コミュニティ・マーケティング、ファン・マーケティングなど。

（主要業績）

「ケースに学ぶ 青山企業のマーケティング戦略」（共著）中央経済社，2015 年。

「石津謙介とヴァン・ヂャケットが創出した価値の再考」『マーケティングジャーナル』第 40 巻第 4 号，84–93 頁，2021 年。

「プロスポーツにおけるホームタウンとチームアイデンティフィケーションに関する一考察」『明海大学経済学論集』第 33 巻第 2 号，19–35 頁，2021 年。

「プロスポーツチームが地域に与える効果の実証研究」明海大学『地域研究（浦安学）』第 3 号，21–31 頁，2022 年。

プロフェッショナル・サービスにおける
組織アイデンティフィケーション構造

2023年 2 月 20 日　初版第 1 刷

著　者　小谷恵子
発行者　千倉成示
発行所　株式会社 千倉書房

〒 104-0031　東京都中央区京橋 3-7-1
TEL 03-3528-6901 ／ FAX 03-3528-6905
https://www.chikura.co.jp/

印刷・製本　藤原印刷株式会社

装丁デザイン　冨澤　崇

Printed in Japan
ISBN 978-4-8051-1263-2　C3034